云南大学"一带一路"沿线国家综合数据库建设项目　　联合推出
中国周边外交研究省部共建协同创新中心

"一带一路"沿线国家综合数据库建设丛书 | 林文勋 主编

企聚丝路
海外中国企业高质量发展调查
马来西亚

许庆红 等 著

Overseas Chinese Enterprise and
Employee Survey in B&R Countries
MALAYSIA

中国社会科学出版社

图书在版编目（CIP）数据

企聚丝路：海外中国企业高质量发展调查．马来西亚／许庆红等著．—北京：
中国社会科学出版社，2022.11

（"一带一路"沿线国家综合数据库建设丛书）

ISBN 978 - 7 - 5227 - 0340 - 4

Ⅰ.①企…　Ⅱ.①许…　Ⅲ.①海外企业—企业发展—研究—中国　Ⅳ.①F279.247

中国版本图书馆 CIP 数据核字（2022）第 225157 号

出 版 人	赵剑英	
责任编辑	马 明　郭 鹏	
责任校对	王福仓	
责任印制	王 超	

出　　版	中国社会科学出版社	
社　　址	北京鼓楼西大街甲 158 号	
邮　　编	100720	
网　　址	http://www.csspw.cn	
发 行 部	010 - 84083685	
门 市 部	010 - 84029450	
经　　销	新华书店及其他书店	

印　　刷	北京明恒达印务有限公司	
装　　订	廊坊市广阳区广增装订厂	
版　　次	2022 年 11 月第 1 版	
印　　次	2022 年 11 月第 1 次印刷	

开　　本	710×1000　1/16	
印　　张	16.75	
字　　数	234 千字	
定　　价	85.00 元	

凡购买中国社会科学出版社图书，如有质量问题请与本社营销中心联系调换
电话:010 - 84083683

《"一带一路"沿线国家综合数据库建设丛书》
编 委 会

总　序

　　党的十八大以来，以习近平同志为核心的党中央准确把握时代发展大势和国内国际两个大局，以高瞻远瞩的视野和总揽全局的魄力，提出一系列富有中国特色、体现时代精神、引领人类社会进步的新理念新思想新战略。在全球化时代，从"人类命运共同体"的提出到"构建人类命运共同体"的理念写入联合国决议，中华民族为世界和平与发展贡献了中国智慧、中国方案和中国力量。2013年秋，习近平主席在访问哈萨克斯坦和印度尼西亚时先后提出共建"丝绸之路经济带"和"21世纪海上丝绸之路"的重大倡议。这是实现中华民族伟大复兴的重大举措，更是中国与"一带一路"沿线国家乃至世界打造政治互信、经济融合、文化包容的利益共同体、命运共同体和责任共同体的探索和实践。

　　大国之路，始于周边，周边国家是中国特色大国外交启航之地。党的十九大报告强调，中国要按照亲诚惠容理念和与邻为善、以邻为伴周边外交方针深化同周边国家关系，秉持正确义利观和真实亲诚理念加强同发展中国家团结合作。① 当前，"一带一路"倡议已从谋篇布局的"大写意"转入精耕细作的"工笔画"阶段，人类命运共同体建设开始结硕果。

---

　　① 习近平：《决胜全面建成小康社会　夺取新时代中国特色社会主义伟大胜利——在中国共产党第十九次全国代表大会上的报告》（2017年10月18日），人民出版社2017年版，第60页。

在推进"一带一路"建设中，云南具有肩挑"两洋"（太平洋和印度洋）、面向"三亚"（东南亚、南亚和西亚）的独特区位优势，是"一带一路"建设的重要节点。云南大学紧紧围绕"一带一路"倡议和习近平总书记对云南发展的"三个定位"，努力把学校建设成为立足于祖国西南边疆，面向南亚、东南亚的综合性、国际性、研究型一流大学。2017年9月，学校入选全国42所世界一流大学建设高校行列，校党委书记林文勋教授（时任校长）提出以"'一带一路'沿线国家综合数据库建设"作为学校哲学社会科学的重大项目之一。2018年3月，学校正式启动"'一带一路'沿线国家综合数据库建设"项目。

一是主动服务和融入国家发展战略。该项目旨在通过开展"一带一路"沿线国家中资企业与东道国员工综合调查，建成具有唯一性、创新性和实用性的"'一带一路'沿线国家综合调查数据库"和数据发布平台，形成一系列学术和决策咨询研究成果，更好地满足国家重大战略和周边外交等现实需求，全面服务于"一带一路"倡议和习近平总书记对云南发展的"三个定位"。

二是促进学校的一流大学建设。该项目的实施，有助于提升学校民族学、政治学、历史学、经济学、社会学等学科的建设和发展；调动学校非通用语（尤其是南亚、东南亚语种）的师生参与调查研究，提高非通用语人才队伍的科研能力和水平；撰写基于数据分析的决策咨询报告，推动学校新型智库建设；积极开展与对象国合作高校师生、中资企业当地员工的交流，促进学校国际合作与人文交流。

项目启动以来，学校在组织机构、项目经费、政策措施和人力资源等方面给予了全力保障。经过两年多的努力，汇聚众多师生辛勤汗水的第一波"海外中国企业与员工调查"顺利完成。该调查有如下特点：

一是群策群力，高度重视项目研究。学校成立以林文勋书记任组长，杨泽宇、张力、丁中涛、赵琦华、李晨阳副校长任副组长，各职能部门领导作为成员的项目领导小组。领导小组办公室设在社科处，由社科处处长任办公室主任，孔建勋任专职副主任，陈瑛、许庆红任技术骨干，聘请西南财经大学甘犁教授、北京大学邱泽奇教授、北京大学赵耀辉教授、北京大学翟崑教授为特聘专家，对项目筹备、调研与成果产出等各个环节做好协调和指导。

二是内外联合，汇聚各方力量推进。在国别研究综合调查数据库建设上，我校专家拥有丰富的实践经验，曾依托国别研究综合调查获得多项与"一带一路"相关的国家社科基金重大招标项目和教育部重大攻关项目，为本项目调查研究奠定了基础。国际关系研究院·南亚东南亚研究院、经济学院、民族学与社会学学院、外国语学院、政府管理学院等学院、研究院在问卷调查、非通用语人才、国内外资料搜集等方面给予大力支持。同时，北京大学、中国社会科学院、西南财经大学、广西民族大学等相关单位的专家，中国驻各国使领馆经商处、中资企业协会、企业代表处以及诸多海外中央企业、地方国有企业和民营企业都提供了无私的支持与帮助。

三是勇于探索，创新海外调研模式。调查前期，一些国内著名调查专家在接受咨询时指出，海外大型调查数据库建设在国内并不多见，而赴境外多国开展规模空前的综合调查更是一项艰巨的任务。一方面，在初期的筹备阶段，项目办面临着跨国调研质量控制、跨国数据网络回传、多语言问卷设计、多国货币度量统一以及多国教育体系和民族、宗教差异性等技术难题和现实问题；另一方面，在出国调查前后，众师生不仅面临对外联络、签证申请、实地调研等难题，还在调查期间遭遇地震、疟疾、恐怖袭击等突发事件的威胁。但是，项目组克服各种困难，创新跨国调研的管理和实践模式，参与调查的数百名师生经过两年多的踏实工作，顺利完成了这项兼具开源性、创新性和唯一性的调查任务。

四是注重质量，保障调查研究价值。项目办对各国调研组进行了多轮培训，强调调查人员对在线调查操作系统、调查问卷内容以及调查访问技巧的熟练掌握；针对回传的数据，配备熟悉东道国语言或英语的后台质控人员，形成"调查前、调查中和调查后"三位一体的质量控制体系，确保海外调查数据真实可靠。数据搜集完成之后，各国调研组立即开展数据分析与研究，形成《企聚丝路：海外中国企业高质量发展调查》报告，真实展现海外中国企业经营与发展、融资与竞争、企业形象与企业社会责任履行状况等情况，以及东道国员工工作环境、就业与收入、对中国企业与中国国家形象的认知等丰富内容。整个调查凝聚了700多名国内外师生（其中300多名为云南大学师生）的智慧与汗水。

《企聚丝路：海外中国企业高质量发展调查》是"'一带一路'沿线国家综合数据库建设"的标志性成果之一。本项目首批由20个国别调研组组成，分为4个片区由专人负责协调，其中孔建勋负责东南亚片区，毕世鸿负责南亚片区，张永宏负责非洲片区，吴磊负责中东片区。20个国别调研组负责人分别为邹春萌（泰国）、毕世鸿（越南）、方芸（老挝）、孔建勋和何林（缅甸）、陈瑛（柬埔寨）、李涛（新加坡）、刘鹏（菲律宾）、杨晓强（印度尼西亚）、许庆红（马来西亚）、柳树（印度）、叶海林（巴基斯坦）、冯立冰（尼泊尔）、胡潇文（斯里兰卡）、邹应猛（孟加拉国）、刘学军（土耳其）、朱雄关（沙特阿拉伯）、李湘云（坦桑尼亚）、林泉喜（吉布提）、赵冬（南非）和张佳梅（肯尼亚）。国别调研组负责人同时也是各国别调查报告的封面署名作者。

今后，我们将继续推动"'一带一路'沿线国家综合数据库建设"不断向深度、广度和高度拓展，竭力将其打造成为国内外综合社会调查的知名品牌。项目实施以来，尽管项目办和各国调研组竭尽全力来完成调查和撰稿任务，但由于主、客观条件限制，疏漏、错误和遗憾之处在所难免，恳请专家和读者批评指正！

《"一带一路"沿线国家综合数据库
建设丛书》编委会
2020年3月

目　　录

第一章

宏观经济形势分析

马来西亚地处东南亚的中心位置，位于亚欧大陆最南端，扼守马六甲海峡，国土总面积约 22 万平方千米，总人口约 3245 万人，是一个实行议会选举的以马来人、华人和印度裔三大族群为主的多元族群国家。作为中国—东盟经贸关系发展历程中最具代表性的国家，马来西亚较高的经济发展水平、与中国经济发展阶段的相似性、中马长期存在的深度合作以及在非经济领域中马存在的较小摩擦，使得马来西亚成为中国对外经济发展战略对接中的一种典型国家代表。[①] 同时，伴随"海洋世纪"的到来，海洋正在成为国际战略竞争的新高地。[②] 连接印度洋和太平洋的马来西亚成为"21 世纪海上丝绸之路"建设的关键区域和重点国家。

2016—2020 年是马来西亚的第 11 个"五年计划"，也是向实现"2020 愿景"（Vision 2020）（即成为一个发达而包容的国家）的最后冲刺阶段。在这一"五年计划"的中期，2018 年马来西亚经历了其独立以来最大的政治变局，执政 61 年的国民阵线被反对党联盟在 5 月大选中击败。2020 年 2 月，马来西亚政局再次发生巨大震动，马哈蒂尔辞去首相职务，希望联盟瓦解，国民联盟执政，慕尤丁出任首

---

① 赵江林：《中国与马来西亚经济发展战略对接研究》，《亚太经济》2018 年第 1 期。

② 葛红亮：《新兴国家参与全球海洋安全治理的贡献和不足》，《战略决策研究》2020 年第 1 期。

相，政局变动将再次造成政党政治利益的重新分配。政权更迭下马来西亚的经济走势如何？近年来马来西亚的对外经贸关系及中马经济及交流合作发生了哪些变化？"一带一路"倡议在马来西亚的推进状况如何？本章将就上述问题进行分析和评估，着眼于中马合作长期发展的驱动力和所面临的挑战。

第一节 马来西亚经济形势分析

近年来，经济单边主义和贸易保护主义对国际经济体系持续造成冲击。在中美贸易摩擦、英国脱欧等不确定性因素的影响下，各国央行为刺激经济增长纷纷实施宽松货币政策，宏观政策操作空间日渐减小，经济复苏前景仍然存在较大不确定性。受世界经济局势影响，马来西亚作为新兴经济体和发展中国家的经济发展速度也有所放缓。本节将从经济增长表现、外贸与外资状况和债务风险评估三个方面对马来西亚的经济形势进行具体分析。

一 经济增长表现

（一）宏观经济增长有所放缓

我们从 2015—2020 年这一短周期来观察和分析马来西亚的经济表现变化。2015 年，马来西亚政府开始执行马来西亚第十一个五年规划（Eleven Malaysia Plan，2016 - 2020），主题是"以人为本的成长"，拟通过提高生产力、创新领域、扩大中产阶级人口、发展技能教育培训、发展绿色科技、投资有竞争力的城市六大策略，增加国民收入，提升人民生活水平和培养具备先进国思维的国民，以确保如期实现马来西亚"2020 愿景"。根据马来西亚国家银行统计，2015 年马来西亚的经济总体为 1.0628 万亿林吉特，人均国内生产总值为 34064 林吉特。2018 年马来西亚的经济总体达到 1.2298 万亿林吉特，人均国内生产总值为 37974 林吉特，实现经济增长 4.7%，相比 2015 年下降 0.3 个百分点，相比 2017 年下降 1.2 个百分点，经济增长有所放缓。经济放缓可能受到某些产品（如电子产品）出口的周期性低谷和贸易摩擦的显著负面影响。[①]

从更大范围的亚太地区的经济表现来看，2019 年持续的贸易摩擦加剧了因总需求低迷而带来的全球贸易增长放缓，影响亚太地区经济体的投资和营商决策，冲击价值链上的国家、产业和企业。但亚太经济的增速仍高于全球经济增速。根据国际货币基金组织（IMF）2019 年 10 月发布的预测，2019 年全球经济增速预计为 3.0%，为全球金融危机以来的低点，亚太经济比全球经济增速高 2.0 个百分点，成为全球低速增长背景下的关键引擎。

但按发展阶段划分，亚太地区分为发达经济体和新兴和发展中经济体。马来西亚属于其中的新兴和发展中经济体的经济表现尚不尽如人意。即马来西亚在 2015—2020 年的经济增长率均低于新兴和发展中经济体的平均经济增长率。2019 年低于新兴和发展中经济体均值 1.2 个百分点，2020 年继续低于均值 1.6 个百分点，同时 2019—2020 年马来西亚 GDP 年度增长率也在放缓，可以说在整个亚太新兴和发展中经济体中，马来西亚的经济增长速度偏缓，经济下行压力较大（如表 1-1 所示）。

表 1-1　　　　　　亚太主要国家国别和平均 GDP 年度增长率　　　　（单位:%）

经济体	国家	2015 年	2016 年	2017 年	2018 年	2019 年	2020 年	2007—2013 年	2014—2019 年
发达经济体	新西兰	4.0	4.2	2.6	2.8	2.5	2.7	1.8	3.2
	新加坡	2.9	3.0	3.7	3.1	2.5	1.0	5.9	3.2
	韩国	2.8	2.9	3.2	2.7	1.8	2.2	3.7	2.8

① 张宇燕、孙杰、姚枝仲：《2020 年世界经济形势分析与预测》，社会科学文献出版社 2020 年版。

续表

经济体	国家	2015 年	2016 年	2017 年	2018 年	2019 年	2020 年	2007—2013 年	2014—2019 年
发达经济体	澳大利亚	2.5	2.8	2.4	2.7	1.7	2.3	2.9	2.5
	加拿大	0.7	1.1	3.0	1.9	1.5	1.8	1.1	1.8
	日本	1.2	0.6	1.9	0.8	1.0	0.8	0.4	1.0
	均值	1.7	1.5	2.5	1.7	1.4	1.4	1.6	1.8
新兴和发展中经济体	柬埔寨	7.0	6.9	7.0	7.5	7.0	6.8	6.4	7.1
	越南	6.7	6.2	6.8	7.1	7.0	6.5	5.9	6.6
	老挝	7.3	7.0	6.8	6.3	6.4	6.5	7.8	6.9
	缅甸	7.5	5.2	6.3	6.8	6.2	6.3	7.1	6.7
	中国	6.9	6.7	6.8	6.6	6.1	5.9	9.9	6.7
	印度	8.0	8.2	7.2	6.8	6.0	7.0	7.3	7.3
	菲律宾	6.1	6.9	6.7	6.2	5.5	6.2	5.3	6.3
	印度尼西亚	4.9	5.0	5.1	5.2	5.0	5.1	6.1	5.0
	马来西亚	5.0	4.5	5.7	4.7	4.7	4.4	4.7	5.1
	泰国	3.1	3.4	4.0	4.1	3.1	3.0	3.5	3.1
	文莱	-0.4	-2.5	1.3	0.1	1.8	4.7	0.9	-0.4
	均值	6.8	6.7	6.6	6.4	5.9	6.0	8.3	6.5

数据来源：国际货币基金组织（IMF）世界经济展望数据库（2019 年 10 月）。①

在一个较长的周期和其他主要东盟国家进行比较可以看出（参见图 1-1），相较于新加坡、印度尼西亚、泰国和菲律宾，马来西亚从

———————

① 张宇燕、孙杰、姚枝仲：《2020 年世界经济形势分析与预测》，社会科学文献出版社 2020 年版，http：//www. crggcn. com/pictureChartDetail？parentName = % E6% A3% 80% E7% B4% A2% E7% BB% 93% E6% 9E% 9C% E9% A1% B5&id = 02f72a0db0c84c459 edd1ccd94aa22ab，2020 年 2 月 6 日访问。

1980 年开始，经济增长率一直处于中间位置，从 20 世纪 90 年代初到 1998 年金融风暴之后甚至到 2000 年，马来西亚的经济增长速率迎来一个短时期的小高峰，但随后东盟五国的经济增长主要由新加坡引领。从 2012 年开始，随着新加坡经济增长放缓，菲律宾强势崛起，马来西亚和印度尼西亚的经济增长率一直在 5% 左右波动。但就整体表现而言，除了新加坡自 1987 年就进入高收入国家行列之外，马来西亚和印度尼西亚、泰国、菲律宾类似，经济增长较为缓慢。这也是这四个国家一直在中等收入国家行列徘徊，未能走出"中等收入陷阱"的表现。

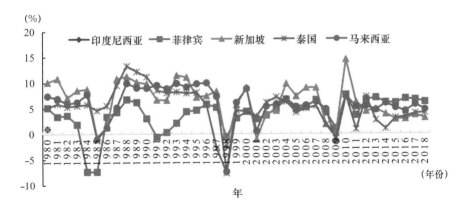

图 1 - 1 东盟五国的 GDP 年度增长率（1980—2018 年）

数据来源：根据世界银行相关数据整理而成（https：//data. worldbank. org/indicator）。

（二）产业转型升级缓慢

根据钱纳里工业化阶段理论，一国经济增长的过程就是产业结构转化的过程，经济从一个发展阶段向一个更高阶段的跃进都是通过产业结构转化来推动的。因此产业结构升级对于一国跨越"中等收入陷阱"至关重要。第二次世界大战后，世界主要发达国家纷纷调整本国的产业结构，形成了向发展中国家转移落后产业的浪潮，一些亚洲国家借助这次产业转移浪潮调整本国产业结构，实现了经济快速发展。

马来西亚的产业结构转型主要经历了从第一阶段（1957—1967）"进口替代工业化战略"、第二阶段（1968—1979）"出口导向工业化战略"、第三阶段（1980—1999）"促进资金技术密集型工业发展阶段"发展到第四阶段（2000 年至今）"发展现代服务业和高新技术产业阶段"的过程。[①] 如今马来西亚已经发展成一个多元经济齐头并进的经济体。2017 年马来西亚服务业增长 6.2%，占 GDP 比重的54.4%。其中信息和通信行业增长最快，实现了 8.4% 的增长，其次是房地产、商业服务和食物饮品住宿行业，实现了 7.4% 的增长，其余行业中批发零售和运输存储的增长率也超过了 6%。[②] 但如果将马来西亚与东盟其他四国相比，可能只有新加坡在跨越"中等收入陷阱"的过程中，产业结构顺利实现了高度化。在农业部门，如图 1 - 2 所示，1980 年新加坡的农业在 GDP 的占比仅为 1.51%，到了 2018 年进一步下降至 0.02%；而从 1980 年至 2018 年，虽然马来西亚的农业在 GDP 的占比进一步下降，但至 2018 年仍高达 7.54%。在工业部门，除泰国外，相比 1980 年，2018 年几个国家工业占 GDP 的比重都有所下降。但马来西亚的下降幅度较小，仅下降了 3.4 个百分点。在服务部门，2018 年马来西亚服务业占比仅为 52.96%，这个比例和中国相当，但低于新加坡 16.42 个百分点，低于菲律宾 7.01 个百分点，低于泰国 3.95 个百分点。这预示着马来西亚存在产业结构未能顺利转型升级的问题。

马来西亚国家银行发布的数据显示（见表 1 - 2），2018 年，马来西亚农业产值为 955.8 亿林吉特，同比下降 0.4%，占 GDP 的

---

① 吴崇伯、单苏：《马来西亚产业结构转型研究》，《广西财经学院学报》2019 年第 5 期。

② Central Bank of Malaysia, Bank Negara Malaysia Annual Report 2017, http://www. bnm. gov. my/index. php？ ch = en_publication&pg = en_ar&ac = 40&en, 2019 年 12 月 2 日访问。

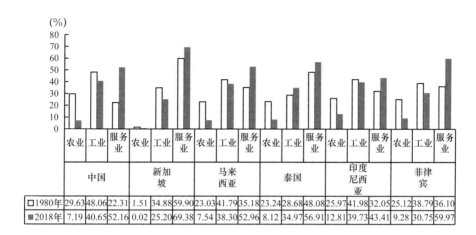

图1-2　中国和东盟五国产业部门的产值比重（1980—2018年）

数据来源：根据世界银行相关数据整理而成（https：//data. worldbank. org/indicator）。

7.8%。马来西亚农产品以经济作物为主，主要有棕榈油、橡胶、可可、稻米、胡椒、烟草、菠萝、茶叶等。其中棕榈油产量和出口量都仅次于印度尼西亚，是世界第二大生产国和出口国。其次，马来西亚的工业部门主要由采矿业、制造业和建筑业构成。采矿业以开采石油、天然气为主，2018年马来西亚采矿业产值969.7亿林吉特，同比下降1.5%，占GDP的7.9%。制造业是马来西亚国民经济发展的主要动力之一，主要产业部门包括电子、石油、机械、钢铁、化工及汽车制造等行业。2018年马来西亚制造业产值为2833.4亿林吉特，同比增长5%，占GDP的23%。同年马来西亚建筑业产值558.4亿林吉特，同比增长4.2%，占GDP的4.5%。服务业是马来西亚经济中最大的产业部门，吸收就业人数占马来西亚雇用员工总数的60.3%。其中，旅游业是服务业的重要部门之一。2018年马来西亚服务业产值为6830.8亿林吉特，同比增长6.8%，占GDP的55.5%。

表1－2　　　　　　　　　　2018 年马来西亚产业结构

		产值（亿林吉特）	GDP 占比（%）	同比增长（%）
农业		955.8	7.9	－0.4
工业	采矿业	969.7	8.0	－1.5
	制造业	2833.4	23.3	5.0
	建筑业	558.4	4.6	4.2
服务业		6830.8	56.3	6.8

数据来源：《宏观经济》，商务部网站，2019 年 5 月 21 日，http：//my. mofcom. gov. cn/article/ddgk/201407/20140700648581. shtml，2020 年 2 月 10 日。

　　但由于 2019 年马来西亚在国外面临贸易限制不断增加、全球贸易走弱、大宗商品出口不振、外资疲软，在国内面临至少减少政府 1 万亿林吉特债务的目标，以及 2019 年对基础设施较低的投资预算都在拖累整体经济的增长，马来西亚财政部 4.9% 的经济增长目标无法实现。[①]

　　为了实现 2020 年迈入发达国家的宏愿，马来西亚一直在积极促进本国的产业结构转型，不断促进战略性新型产业的发展。国外直接投资一般可以对东道国产生技术溢出效应和资本供给效应来促进东道国产业结构的转型。在马来西亚积极促进其产业结构转型的关键时期，中国资本的流入能够为马来西亚的产业结构转型提供良好的基础设施环境和有利的融资环境，完善制造业的产业链条，促进合作产业向产业链的中高端方向发展，此外还能促进马来西亚的主导产业升级。[②] 面向未来，通过产能合作，部分马来西亚产业可以直接对接有

---

　　① Ministry of Finance Malaysia. Fiscal Outlook and Federal Government Revenue Estimates 2019，http：//www. treasury. gov. my/index. php/en/fiscal－economy/fiscal－outlook－and－federal－government－revenue－estimates－2019. html. 2019 年 11 月 2 日。

　　② 吴崇伯、单苏：《马来西亚产业结构转型研究》，《广西财经学院学报》2019 年第 5 期。

关新能源、成套设备、冶金、建筑材料等相关的中国企业，以促进产业转型升级和结构调整。

二　外贸与外资状况

（一）对外贸易持续稳定增长

和世界上其他的海洋国家类似，马来西亚的经济发展战略具有充分融入世界贸易的特性。2019 年 4 月世界贸易组织发布的《全球贸易数据与展望》报告显示，2018 年马来西亚货物对外贸易进出口总额约为 4651.3 亿美元，同比增长 12.7%。其中马来西亚对外出口额为 2475.2 亿美元，自境外进口额为 2176.1 亿美元，进出口额均位列全球前 30 名。2018 年，马来西亚与中国双边货物进出口额为 777.7 亿美元，同比增长 14.8%。事实上，2009—2018 年，马来西亚始终保持贸易顺差状态。2018 年，马来西亚前五大逆差来源地依次是中国、中国台湾、沙特阿拉伯、法国和印度尼西亚，逆差额分别为 89.5 亿美元、77 亿美元、34.9 亿美元、25.7 亿美元和 21 亿美元；而顺差额主要来自中国香港、新加坡和美国，分别为 147.6 亿美元、89.7 亿美元和 64 亿美元。

首先，在出口方面，亚太地区一直是马来西亚产品出口的最重要目的地，其中新加坡、中国、日本、美国、泰国和中国香港等都是马来西亚最重要的产品出口国家和地区。马来西亚对中国的出口在 2005 年之后增长迅速，目前中国已经成为与新加坡并重的产品出口目的国；此外，马来西亚对周边东南亚和南亚国家的出口增长较快，2005—2015 年 10 年间，马来西亚对泰国、印度、印度尼西亚、越南、菲律宾等国家的出口额都有显著增长。

其次，在进口方面，亚太地区是马来西亚产品进口的最重要来源地，其中中国、新加坡、美国、日本、泰国和中国台湾是马来西亚最重要的产品进口国家和地区。从 2006 年开始，中国一直是马来西亚最大的产品进口来源国。

最后，马来西亚长期重视参与多边贸易机制。马来西亚于1957年加入《关税及贸易总协定》，是世界贸易组织（WTO）的创始成员。作为东盟的创始成员，马来西亚是东盟早期一系列制度规范的形成的重要参与者。在推动"大东盟"构想落实的过程中，其更是东盟国家加强区域合作及形成"共同体"构想、建设"东盟共同体"的积极推动者，甚而在某些领域还扮演着引领者的角色。[1] 截至2013年，马来西亚已与日本、巴基斯坦、新西兰、印度、智利及澳大利亚签署了双边自由贸易协定（FTA），并与土耳其和欧盟就双边自贸协定进行磋商，与伊斯兰会议组织（OIC）及发展中八国（D8）就开展贸易优惠安排磋商）。[2] 近年来，马来西亚积极参与"区域全面经济伙伴关系协定"（RCEP）。2019年中国FTA谈判在区域层面取得RCEP谈判整体结束的重要突破，协议有望于2020年签署，届时中国与东盟经济合作的制度路径将更加丰富，为更广泛的亚太区域经济合作奠定基础。

（二）吸引外资力度不断加大

马来西亚具有投资法律体系完备、与国际通行标准接轨、各行业操作流程较为规范的特点，加之其临近马六甲海峡，辐射东盟、印度、中东市场等独特的地缘优势，吸引了包括中国企业在内的各国企业来马投资经营。进入21世纪，马来西亚经济逐渐从金融危机中恢复过来，政府加大吸引外资力度。世界银行《2018年营商环境报告》显示，马来西亚2017年营商环境在全球190个经济体中排名第23位，在东盟地区仅次于新加坡。

马来西亚属于"一带一路"六大经济走廊中"中新经济走廊"涉及的东南亚十国之一。中新经济走廊以泛亚铁路网、亚洲公路网、陆港网的东南亚地区交通物流基础设施为依托，自昆明、南宁，以沿

---

[1] 葛红亮：《马来西亚与东盟的区域一体化发展》，《学术探索》2017年第11期。

[2] 马燕冰、张学刚、骆永昆编著：《列国志·马来西亚》，社会科学文献出版社2017年版，www.crggcn.com，2020年1月30日。

线经济中心城市和口岸为节点，联通中国、越南、老挝、缅甸、泰国、柬埔寨、马来西亚等国家抵达新加坡，是连接中国和东南亚、南亚地区的陆海经济带。中国—东盟自由贸易区协议的达成，为该走廊前期在基础设施互联互通、跨境经济合作区建设等方面提供了重要支撑，区域合作硕果累累。2018 年，中国与该走廊沿线国家贸易额占中国对外贸易的 12.39%，是六大经济走廊中贸易额最大的一条走廊。

从表 1 - 3 可见，自 2013 年到 2018 年，中国对马来西亚的出口额稳定增长，其年均增长率高达 4.05%，高于新加坡和印度尼西亚，高于中国对世界出口额的年均增长率 0.47 个百分点。在进口额方面，尽管从 2007 年到 2018 年，马来西亚对中国的进口额在缓慢增长，但在东盟五国中，仅马来西亚和泰国进口额的贸易比重高于出口，这表明马来西亚对中国经济依赖强度很大，与中国经贸相互依存度高。

表 1 - 3　　　中国对中新经济走廊沿线国家的进口与出口状况　　（单位：%）

国家	2007 年 出口额占比	2018 年 出口额占比	2013—2018 年 出口额年均增长率	2007 年 进口额占比	2018 年 进口额占比	2013—2018 年 进口额年均增长率
新加坡	2.44	1.97	3.40	1.83	1.58	3.03
马来西亚	1.45	1.82	4.05	3.01	2.96	1.40
印度尼西亚	1.04	1.74	2.80	1.29	1.60	4.33
泰国	0.98	1.72	6.26	2.37	2.09	2.63
菲律宾	0.62	1.41	18.26	2.42	0.97	0.82
世界	100	100	3.58	100	100	- 1.85

数据来源：《一带一路"研究与决策支撑平台》，http://ydyl.drcnet.com.cn/www/ydyl/。

从 2018 年数据看（如表 1 - 4 和表 1 - 5 所示），中国主要向马来西亚进口机电产品，矿产品，塑料、橡胶；出口机电产品，贱金属及制品，化工产品。① 两国贸易结构不断优化，合作空间远大于竞争压力。

表1-4 2018年马来西亚对中国出口排名前五的商品

（单位：亿美元,%）

商品类别	贸易额	同期增长	总额占比
机电产品	344. 10	14. 60	43. 40
矿产品	62. 37	6. 40	18. 10
塑料、橡胶	39. 43	22. 00	11. 50
化工产品	27. 32	28. 00	7. 90
贱金属及制品	19. 16	67. 50	5. 60

数据来源：《2018 年马来西亚货物贸易及中马双边贸易概况》，中华人民共和国商务部网站，2019 年 4 月 11 日，https：//countryreport. mofcom. gov. cn/record/view110209. asp? news_id =63818。

表1-5 2018年马来西亚自中国进口排名前五的商品

（单位：亿美元,%）

商品类别	贸易额	同期增长	总额占比
机电产品	215. 20	13. 70	49. 60
贱金属及制品	48. 56	18. 90	11. 20
化工产品	32. 95	24. 90	7. 60
矿产品	24. 07	7. 40	5. 60
塑料、橡胶	19. 08	6. 40	4. 40

数据来源：《2018 年马来西亚货物贸易及中马双边贸易概况》，中华人民共和国商务部网站，2019 年 4 月 11 日，https：//countryreport. mofcom. gov. cn/record/view110209. asp? news_id =63818。

另外，中马相互投资实现跨越式增长，企业投资数量、规模、金额提升明显。截至 2019 年 1 月，马来西亚实际对华投资累计约为 78

① 《2018 年马来西亚货物贸易及中马双边贸易概况》，商务部网站，2019 年 4 月 11 日，https：//countryreport. mofcom. gov. cn/record/view110209. asp? news_id =63818，2019 年 12 月 30 日访问。

亿美元，中国企业对马累计直接投资 59.5 亿美元[①]，中国连续 3 年成为马来西亚制造业最大外资来源地，投资额达 197 亿林吉特。[②] 承包工程业务上，中国在马承包工程范围已覆盖东西马全境，2018 年在马承包工程新签承包工程合同 322 份，新签合同额 93.5 亿美元；完成营业额 79.6 亿美元，同比下降 2.2%。[③]

三 债务风险评估

从 2015 年起，西方媒体开始报道"一带一路"倡议参与国出现一定程度的债务偿还违约问题，债务风险成为"一带一路"建设中面临的重要挑战之一。[④] 在马来西亚国家债务问题日益严峻的舆情和中国对马投资日益增加的现实情况下，在西方媒体的恶意炒作下，中国"债务陷阱论"在马来西亚国家债务问题上开始凸显。

要辨析中国"债务陷阱论"在马来西亚外债问题上的争议，首先需要明确马来西亚目前的债务规模和债务结构。根据 2019 年 3 月国际货币基金组织（IMF）公布的数据，马来西亚外债总额自 2015 年以来呈现上涨的趋势。截至 2018 年底，马来西亚的债务规模是 2211 亿美元。预计 2019 年、2020 年仍将有所增长，分别达到 2259 亿美元、2332 亿美元的规模（见图 1 - 3）。

---

① 《中国同马来西亚的关系》，外交部网站，2019 年 11 月 5 日，https：//www.fmprc.gov.cn/web/gjhdq_676201/gj_676203/yz_676205/1206_676716/sbgx_676720/，2019 年 12 月 1 日访问。

② 商务部国际贸易经济合作研究院、中国驻马来西亚大使馆经济商务处、商务部对外投资和经济合作司：《对外投资合作国别（地区）指南 - 马来西亚》，2019 年版，第 27 页。

③ 商务部国际贸易经济合作研究院、中国驻马来西亚大使馆经济商务处、商务部对外投资和经济合作司：《对外投资合作国别（地区）指南 - 马来西亚》，2019 年版，第 28 页。

④ 钟飞腾、张帅：《地区竞争、选举政治与"一带一路"债务可持续性——剖析所谓"债务陷阱外交"论》，《外交评论》2020 年第 1 期。

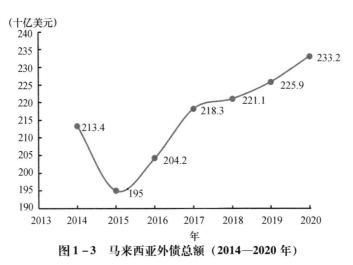

图1-3 马来西亚外债总额（2014—2020年）

数据来源：IMF Communications Department，"IMF Executive Board Concludes 2019 Article IVConsultation with Malaysia," International Monetary Fund, March 11, 2019, https：//www. imf. org/en/News/Articles/2019/03/08/pr1967 - malaysia - imf - executive - board - concludes - 2019 - article - iv - consultation. 2019 年 12 月 18 日访问。

按照历年外债总额数据结合马来西亚政府每年公布的 GDP 数额，就可以得出政府债务总额占 GDP 的比率，也就是债务负担率。2014—2018 年，马来西亚的债务负担率基本持平，维持在 52%—55%。

其次，在债权结构中，一般认为，国外债务的比例越高，国家债务的风险越大；反之则风险越小。根据马来西亚中央银行公布的截至 2019 年 4 月的债务数据，马来西亚国家债务中的国外债务远少于国内债务，仅占债务总额的 25%，而国内债务则达到了 75%。[1] 而在期限结构中，短期债务占债务总额的比例越高，债务风险通常就会越大；中长期债务的比例越高，则该国的债务风险就相对较小。从世界银行 2019 年公布的马来西亚 1980—2018 年的短期债务占外债总额的

---

[1] Economic and Financial Data for Malaysia, Bank Negara Malaysia, June 3, 2019.

比例可以看出，2000 年后，马来西亚国家的短期债务在外债总额中的比例一路上升，在 2012 年达到峰值 47.77%；2018 年略有降低，为 43.4%。

由上可见，当前马来西亚的国家债务风险有逐渐增大的趋势，首先，其债务总额和债务负担率都在不断上升。其次，马来西亚短期债务占债务总额的比例也在不断上升。再次，马来西亚的财政赤字恶化，赤字率一直保持在较高水平，超过国际公认的低于 3% 的安全警戒线，截至 2018 年，其财政赤字率为 3.7%，2019 年仍处于相近的水平。① 与此同时，马来西亚所面临的众多内外部因素都有可能增加国家债务风险。

但目前马来西亚国家债务风险总体保持可控的状态，系统性风险相对较小。② 在 2017 年美国有关机构对世界各国的国家债务考察中，马来西亚的债务负担率为 54.2%，排名世界第 90 位③。由此可见，马来西亚债务规模相对而言并不严重和突出。2019 年，马来西亚国家银行对本国在中期内的外债可持续性和复原能力进行评估，认为马来西亚有足够的应对债务问题的实力④。

总体而言，"一带一路"沿线若干国家的确面临着债务危机。但就马来西亚而言，远没有到"债务陷阱"的程度。马来西亚是债务

---

① "Budget 2019. Malaysia", Ernst & Young Tax Consultants Sdn. Bhd, November 3, 2018, Vol. 6.

② 张应进：《马来西亚债务问题政治化："债务陷阱论"凸显的根源》，《国际展望》2020 年第 1 期。

③ "Country Comparison – Public Debt", Central Intelligence Agency, 2017, https：//www. cia. gov/library/publications/resources/the – world – factbook/rankorder/2186rank. html#ch.

④ Ahmad Faisal Rozimi, et al., "Malaysia's Resilience in Managing External Debt Obligations and the Adequacy of International Reserves", Bank Negara Malaysia, Annual Report 2018, March 27, 2019, pp. 48 – 61.

问题政治化表现十分典型的国家之一。① 那些指责中国对马来西亚的经贸合作"债务陷阱外交"论，无疑是充满了异域情调的想象。

第二节　马来西亚国际经贸关系发展态势评估

近年来，随着中美之间竞争加大趋势进一步加剧，东南亚国家开始强化对中美的"等距离外交"原则。② 马来西亚遵循周边是首要、东盟是基础、东亚是关键、伊斯兰世界是基本布局，与中国、美国、日本等大国保持稳定友好关系；重视同东盟及其成员间相互联系，寻求本国在东南亚地区更为"中心性"的位置；积极扩展同伊斯兰国家之间的宗教往来，积极参与并融入国际社会。

一　坚持大国平衡，巩固和发展周边和多边合作

（一）与美国关系：偶有波澜，整体平稳

2010 年，美国为推进"亚太再平衡"战略，积极建构以东南亚为重点的"美国＋同盟＋伙伴"网状地区政策架构。③ 2014 年奥巴马成为近半个世纪间首次访问马来西亚的美国总统，之后两国正式宣布建立"全面战略伙伴关系"，但随着"一马公司"涉嫌在美国洗钱而遭到美国司法部调查，马美关系受到部分影响。④ 特朗普政府成立后，

---

① 张应进：《马来西亚债务问题政治化：债务陷阱论凸显的根源》，《国际展望》2020 年第 1 期。

② 傅聪聪：《东南亚国家对中美的外交政策趋于分化》，《国际政治科学》2018 年第 3 期。

③ 陈相秒：《2014 年马来西亚南海政策评析》，《世界经济与政治论坛》2015 年第 3 期。

④ 饶兆斌：《马来西亚外交形势》，《马来西亚发展报告（2019）》，社会科学文献出版社 2019 年版，第 73 页。

2017 年 9 月，为配合马美建交 60 周年，纳吉布应邀对美国进行了国事访问，并就经贸、反恐提出了合作意向，这一举动使两国关系有所缓和。

马美经贸合作稳步发展。虽然特朗普上台宣布美国正式退出 TPP，使马来西亚原期望通过 TPP 协议将国内生产总值在 2027 年提升至 2110 亿美元的愿望难以实现，但双边贸易依旧实现持续增长，美国依旧是马来西亚第三大贸易伙伴。2018 年双边贸易总额 385.9 亿美元，其中马来西亚对美国的出口额为 225 亿美元，对美国进口为 160.9 亿美元，主要贸易产品包括电子设备、核反应堆、光学设备等。[①] 在投资上，美国是马来西亚第二大外资来源国和制造业领域第四大外资来源地，主要投资领域包括电气和电子产品、医疗设备、再生能源和航天，2018 年在马投资总额达 218.6 亿美元。[②]

（二）与日本关系：积极靠近，关系越发密切

日本是马来西亚的战略伙伴，近年来双边关系一直得到稳步提升。

日本政府一直鼓励企业争取获得马来西亚铁路、水务以及医疗等领域的合作。2018 年日本成为马来西亚第四大贸易伙伴和第二大外资来源国，双边贸易额达 328 亿美元，其中马来西亚对日进口额为 171 亿美元，同比下降 2.6%；对日出口额 157 亿美元，同比增长 6.3%，对日贸易逆差有所减小。[③] 此外，为摆脱长期遭受的"债务陷阱"，2019 年 3 月马来西亚成功发售了由日本国际协力银行担保、

---

① 《2018 年马来西亚货物贸易及中马双边贸易概况》，中华人民共和国商务部网站，2019 年 4 月 11 日，https：//countryreport. mofcom. gov. cn/record/view110209. asp? news_id＝63818。

② ［新］《称受中美贸易战影响 马哈迪指有人建议制裁马国》，《联合早报》2019 年 10 月 22 日，https：//beltandroad. zaobao. com/beltandroad/news/story20191022－999086。

③ 《2018 年马来西亚货物贸易及中马双边贸易概况》，中华人民共和国商务部网站，2019 年 4 月 11 日，https：//countryreport. mofcom. gov. cn/record/view110209. asp? news_id＝63821。

为期 10 年的年利率低于 0.65% 的 2000 亿日元武士债券，关于第二轮武士债券发行两国还在协商。[①]

（三）与东盟关系：致力推动区域一体化进程

马来西亚历来重视同东盟国家之间的相互联系，特别是与周边邻国关系。总体而言，马来西亚除与菲律宾、缅甸在部分议题上存在分歧外，与东盟其他国家关系相对稳定。

东盟及东盟各成员国均为马来西亚重要贸易合作伙伴。2018 年，马来西亚对东盟出口额为 707 亿美元，较上一年增长 11.8%，进口额为 556 亿美元，同比增长 11.1%，主要对新加坡、泰国、越南、印度尼西亚进出口机电产品、矿产品、塑料制品、贱金属及制品以及化工产品，双边贸易增长额度提升较快。[②] 但对于在区域经济一体化中的作用，马哈蒂尔认为东盟还未充分发挥其作为经济龙头的潜力。[③] 随着新冠肺炎疫情造成的区域经济进步萎缩，马来西亚已提议成立东盟冠状病毒病特别基金，并起草重振区域经济的复苏计划。[④]

二 中马关系发展态势及未来关系评估

（一）中马关系整体平稳向前

2013 年至 2020 年，中马在政治、经济、文化、教育等多个领域均取得了丰硕的合作成果。在 2020 年新型肺炎疫情防治工作中，两国彼此提供支持与援助的做法，深化并扩展了两国卫生防疫领域的

---

① ［马］《武士债券次轮发行 明年首季料有定案》，《中国报》2019 年 11 月 28 日，https：//www. chinapress. com. my/20191128/武士债券次轮发行－明年首季料有定案/。

② 《2018 年马来西亚货物贸易及中马双边贸易概况》，商务部网站，2019 年 4 月 11 日，https：//countryreport. mofcom. gov. cn/record/view110209. asp？news_id = 63830。

③ ［马］《马哈迪感叹，东盟没充分发挥经济龙头潜力》，《当今大马》2018 年 10 月 12 日，https：//www. malaysiakini. com/news/446989。

④ 《马来西亚：提议制定东盟经济复苏计划》，中国－东盟自由贸易区，2020 年 4 月 20 日，http：//www. cafta. org. cn/show. php？contentid = 89481。

交流。

总体来看，进入 2020 年，马来西亚政坛主流共识仍是与中国开展务实合作，认为中国是值得信赖的真诚朋友，对中国市场潜力和中马合作普遍看好，期望在贸易、投资、基础设施建设、科技、安全等领域积极开展合作。对可能会产生争议的问题，马来西亚已表示会与中国通过友好协商来处理分歧，并欢迎中方积极参与马来西亚沿海港口海运发展。另外，中国坚持推动与重点国家的双边经济合作、立足周边推动"一带一路"建议、围绕国际机制改革开展全球经济合作。[1] 中国对中马两国友好关系充满信心和期待，认为中马是"遇山一起爬、遇沟一起跨"的好邻居、好伙伴，期望进一步深化中马全面战略伙伴关系。[2]

虽然中马关系呈现出一片大好的局面，但依旧存在诸多隐患和风险需要提前考虑。首先，马来西亚国内政局波动，为中马政治关系发展增加了不确定因素。其次，马来西亚经济面临下行压力，对双边经贸合作推进速度有所影响。鉴于近年出现大量中资话题"政治化"、既定中马合作项目落地困难等问题，又受新冠肺炎疫情影响，马来西亚全年经济或将萎缩 4.3%[3]，基本与 1997 年亚洲金融危机衰退程度相当，中马经贸关系短期震荡实所难免。最后，美国、日本等域外国家介入影响较大，"印太战略"或将成为压制中国让步的机遇。

---

[1]　李巍、张玉环：《从应对贸易摩擦到预防经济脱钩：2019 年中国经济外交形势分析》，《战略决策研究》2020 年第 2 期。

[2]　《全球战疫·比邻 | 中国驻马来西亚大使：中马遇山同爬遇沟共跨》，澎湃，2020 年 4 月 3 日，https：//www. thepaper. cn/newsDetail_forward_6814993_1。

[3]　［马］《管控放宽商业恢复　今年经济不会萎缩 6%》，《南洋商报》2020 年 5 月 7 日，https：//www. enanyang. my/news/20200507/管控放宽商业恢复 – br 今年经济不会萎缩 6/。

第三节 "一带一路"倡议在
马来西亚的推进状况

2012 年以来，由于受全球经济增长乏力，尤其是美国量化宽松政策以及中国经济增速放缓等因素影响，马来西亚出口下降，与主要经济体之间的贸易减少，2013 年 GDP 增速放缓至 4.7%，也是 2009 年经济逐步复苏以来首次跌破 5%。在马来西亚经济增长亟须通过强劲的投资拉动的关键时期，"一带一路"倡议的提出为马来西亚的发展带来了新机遇。马来西亚纳吉布政府在东南亚各国中最早响应"一带一路"倡议，积极吸引以中国为主的外国直接投资，加大与中国的对外贸易和合作，使马来西亚在 2014—2019 年间 GDP 的平均年度增长率稳定在 5.1%。迄今为止，中国已连续 10 年成为马来西亚最大的贸易伙伴国，连续 3 年成为马来西亚制造业投资最大外资来源国。2015 年，由中国国务院发展研究中心进行的"一带一路"沿线国家的"五通指数"的测算，马来西亚联同俄罗斯、新加坡、泰国、印度尼西亚被归类为排名和评分最高等的"畅顺型国家"，在 64 个国家里排名第二，仅次于俄罗斯。[①] 可以说，从"一带一路"倡议提出至今，在两国领导人和人民的共同努力下，中马友好关系实现了跨越式发展，"五通"建设成果丰硕。

本节在回顾"一带一路"倡议提出至今中马两国的"五通"建设成果基础上，探讨如何在新时期通过中马经济合作模式的提质升级，推进中马高质量共建"一带一路"。

---

① 中国经济年鉴编辑委员会编著：《2015 中国经济年鉴——"一带一路"卷》，中国经济年鉴出版社 2015 年版，第 28 页。

一　政策沟通

自从"21 世纪海上丝绸之路"提出以来，中马两国关系提升至"全面战略伙伴关系"，政府高层往来频繁，政治互信不断增强。两国政府先后通过《中华人民共和国政府与马来西亚政府经贸合作五年规划》（2013—2017 年）和《中华人民共和国和马来西亚建立外交关系40 周年联合公报》两个文件，为未来合作指明了方向，明确了双边经贸合作的路线图，对中国—东盟命运共同体、"21 世纪海上丝绸之路"建设取得了共识。

2013 年、2014 年中国国家主席习近平、国务院总理李克强先后访问马来西亚。2015 年，新增中国驻哥打基纳巴卢总领事馆和驻槟城总领事馆两个外交机构，而中国多个省份也在近年同马来西亚进行了交流互访，同其部分州属签订合作谅解备忘录并缔结友好城市、港口关系。2017 年 5 月，马来西亚前总理纳吉布应邀出席在北京举办的"一带一路"国际合作高峰论坛。访华期间，纳吉布对中方一直以来的对马政策主张表示赞同，表示愿意积极参与"一带一路"相关合作，并继续致力于推动马中关系向更高水平、更深程度、更广范围发展。[①] 中马两国总理见证了双方发展战略对接、检验检疫、基础设施等领域双边合作文件的签署，也见证了中马两国 9 项企业协议的签署，涵盖建筑、农业、经贸、基建等领域，总贸易额达 72.2 亿美元。[②] 2018 年 5 月马哈蒂尔上台后，虽然在对华关系方面做出了调整，对部分中资项目的批评和反对，一定程度上确实影响了中马关系。但 2018 年 8 月马哈蒂尔上任后首次访华期间，争取获得中方对马来西亚取消中资项目

---

① 《习近平会见马来西亚总理纳吉布》，新华网，2017 年 5 月 13 日，http：//www. xinhuanet. com/world/2017－05/13/c_1120967288. htm. 2019 年 12 月 16 日访问。

② 《马来西亚总理纳吉布出席"一带一路"国际合作高峰论坛》，外交部网站，2017年 5 月 18 日，https：//www. fmprc. gov. cn/ce/cemy/chn/zgxw/t1463123. htm. 2019 年 12 月 16 日访问。

的谅解，并发表《中华人民共和国政府和马来西亚政府联合声明》，表示欢迎、支持并将继续积极参与"一带一路"合作。[①] 2019 年 4 月，马哈蒂尔出席在北京举办的第二届"一带一路"国际合作高峰论坛，并专门参访华为和商汤科技两家公司，展现了其希望借鉴中国科技发展经验，了解 5G 等新兴技术，带领马来西亚迈向"工业 4.0"的决心。在两国政府的积极沟通下，在 2018 年受阻的"一带一路"部分重点项目东海岸铁路、马来西亚大马城项目重回正轨。

由此可见，从纳吉布时代到马哈蒂尔时代，尽管中马关系发展速度有所放缓，但两国领导人仍然致力于发展双边关系的坚定意愿没有改变，在现有友好基础上继续推进双边关系的深化。[②] 马来西亚政坛主流共识是与中国开展务实合作，认为中国是值得信赖的真诚朋友，对中国市场潜力和中马合作普遍看好，期望在贸易、投资、基础设施建设、科技、安全等领域积极开展合作。

无论是哪个政党执政，马方领导人都非常清楚和中国的关系依然是马来西亚外交的重中之重，良好和健康的中马关系对马来西亚的发展至关重要。因此，中马双方继续深化务实合作的基本态势不会改变。

二 设施联通

设施联通主要体现在港口和铁路建设两大方面。首先，中马两国于 2015 年组建了中马港口联盟，联盟成员涵盖大连港、太仓港、上海港、宁波舟山港、福州港、厦门港、广州港、深圳港、北部湾港、海口港等 10 个中方港口以及巴生港、民都鲁港、柔佛港、关丹港、马六甲港、槟城港等 6 个马方港口。该联盟的成立是中马两国共建

[①]《中华人民共和国政府和马来西亚政府联合声明》，外交部网站，2018 年 8 月 20 日，https：//www.fmprc.gov.cn/web/gjhdq_676201/gj_676203/yz_676205/1206_676716/1207_676728/t1586776.shtml，2019 年 12 月 1 日访问。

[②] 翟崑、孔金磊：《中马关系：整体平稳，偶发波澜（2017—2018）》，《马来西亚发展报告（2019）》，社会科学文献出版社 2019 年版。

"21世纪海上丝绸之路"的重要举措,旨在通过项目合作、人员培训、信息交流、技术支持、提升服务等途径,推动中马港口间开展广泛合作,共同致力于两国海上互联互通建设,打造双方乃至整个东盟地区更广阔的互联互通航运网络,进一步提升"21世纪海上丝绸之路"沿线国家间贸易、投资和物流运输便利化水平。截至2019年底,联盟成员单位已达到21家,两国间货运量增长迅速,2018年中马港口联盟间完成集装箱吞吐量271.6万TEU,同比增长24.7%。两国港口合作项目稳步推进,两国港口交流合作领域不断拓展。①

其次,中国对马来西亚已形成"中心一城""东西两园""南北三路"等6个旗舰项目的整体格局。其中"南北三路"分别是横贯马来半岛的"东海岸铁路"、位于马来半岛南部的"金马士—新山双轨铁路"和即将开始的"吉隆坡—新加坡高铁"(简称马新高铁)。东海岸铁路由中国交通建设集团承建,长度规划近680千米,建成后可以通过东西两岸的联结而带动经济发展,是最受瞩目的"一带一路"设施联通项目。东海岸铁路建设之初,时任总理纳吉布曾表示,建成后的东铁项目将为东海岸带来1.5个百分点的GDP增长。② 他还认为,东海岸铁路不仅会成为东海岸地区"发展格局的改变者"(game changer),更会成为马来西亚"发展思维的改变者"(mindset changer)。③ 该项目因2018年马来西亚政权更迭而一度遭遇停工甚至终止风险,于2019年4月出现转机,中方承建企业与马方业主在双方政府代表的见证下签署了有关补充协议以及竣工后的联合管理、运营及维护合作备忘录,铁路建设随即复工,并计划于2026年底

① 《中马港口联盟第四次会议在马来西亚吉隆坡顺利召开》,搜狐网,2019年8月22日,https://www.sohu.com/a/335588496_784079,2019年12月20日访问。

② Najib: ECRL to boost East Coast GDP growth by 1.5%, *The Edge Markets*, March 8, 201, http//www.theedgemarkets.com/article/najib-ecrl-boost-east-coast-gdp-growth-15. 2019年12月1日。

③ ECRL a "game changer" for Malaysia, says Najib, *The Malaysia Insight*, August 9, 2017, https//www.themalaysianinsight.com/s/10179/. 2019年12月1日。

完成。① 金马士——新山双轨铁路全长 191 千米，由中国铁建牵头的联营体（由中国铁建、中国交建、中国中铁三方组成）于 2018 年开工建设。而马新高铁则全长 350 千米，该计划有利于马新两国经济发展和两国关系，但前总理马哈蒂尔于 2018 年 5 月宣布取消马新高铁计划后尚未有新进展。

三 贸易畅通

"一带一路"倡议提出以来，中马两国贸易互补性进一步增强，两国贸易的合作空间远大于竞争压力。除已有的十余项经贸合作协议外，两国新增《关于通过中方"丝绸之路经济带"》和《"21 世纪海上丝绸之路"倡议推动双方经济发展的谅解备忘录》、《中国商务部同马来西亚交通部关于基础设施建设领域合作谅解备忘录》和《经贸合作五年规划（2018—2022）》。2018 年，马来西亚与中国双边货物进出口额为 777.7 亿美元，同比增长了 14.8%。

在马来西亚向中国出口方面，亚太地区一直是马来西亚产品出口的最重要目的地，其中新加坡、中国、日本、美国、泰国和中国香港等是马来西亚最重要的产品出口国和地区。马来西亚向中国出口的主要商品包括棕榈油、橡胶、矿产品、计算机及其零部件和塑料制品等，其对中国的出口在 2005 年之后增长迅速，目前中国已经成为与

---

① 2018 年 5 月希盟在获得联邦政权之后对东铁项目的态度更显得小心谨慎。东铁项目陆续经历了重新审查、停工、搁置、重新谈判的曲折过程。根据马来西亚总理公署的声明，双方新签订的补充协议涵盖东铁项目一期及二期的工程、采购、建造及调试，变更后的造价从原来的 655 亿林吉特减少至 440 亿林吉特，削减了 215 亿林吉特，削减的部分占原合同总价的 32.8%（即由原来的 1069.2 亿元人民币减少至 712.8 亿元人民币）。改进后的东铁项目每公里造价为 6870 万林吉特，而原协议中的造价约为每千米 9550 万林吉特（即由原来的每千米 1.54 亿元人民币减少至每千米 1.11 亿元人民币）。铁路长度也由原规划的 688 千米缩短至 640 千米。参见陈戎轩《东海岸铁路重启："希盟"时代中马基建合作的新变化（2019）》，《马来西亚发展报告（2019）》，社会科学文献出版社 2019 年版。

新加坡并重的产品出口目的国。

在马来西亚向中国进口方面，亚太地区依然是马来西亚产品进口的最重要来源地，其中中国、新加坡、美国、日本、泰国和中国台湾是马来西亚最重要的产品进口国和地区。马来西亚从中国进口的主要商品涵盖服装和纺织品、机电产品和贱金属及制品等。从 2006 年开始，中国一直是马来西亚最大的产品进口来源国。

同时，中马相互投资实现跨越式增长，企业投资数量、规模、金额提升明显。截至 2019 年 1 月，马来西亚实际对华投资累计约为 78 亿美元，中国企业对马累计直接投资 59.5 亿美元，中国连续 3 年成为马来西亚制造业最大外资来源地，投资额达 197 亿林吉特。承包工程业务上，中国在马承包工程范围已覆盖东西马全境，2018 年在马承包工程新签承包工程合同 322 份，新签合同额 93.5 亿美元；完成营业额 79.6 亿美元，同比下降 2.2%。

截至 2019 年 7 月，从我国与东盟域内各国贸易比较来看，马来西亚是唯一与我国进出口、出口、进口三项贸易数据均保持正增长的东盟国家，中马进出口增长及中国自马来西亚进口增长率均领先东盟，马来西亚保持中国在东盟地区最大进口来源国。①

四　资金融通

资金融通是"一带一路"建设的重要支撑。2001 年以来，中国银行、中国工商银行、中国建设银行纷纷入驻马来西亚市场，推动了两国在金融领域的交流与合作。2015 年马来西亚加入亚洲基础设施投资银行，同年中国银行在马来西亚设立人民币清算行，使其成为世界十大人民币离岸清算中心之一，同时向马来西亚提供 500 亿元的人民币合格境外机构投资者（RQFII）额度，以促进两国之间的贸易和投资。2015 年 11 月，中国广核集团有限公司以 23 亿美元的价格收购

---

① 《上半年中马双边贸易保持良好增长势头》，2019 年 7 月 24 日，http://my.mof-com.gov.cn/article/sqfb/201907/20190702884305.shtml，2019 年 12 月 15 日访问。

马来西亚 1MDB 的能源资产，此举既有利于 1MDB 摆脱债务困境，也有利于扩大中国在马来西亚的影响。

为推进"一带一路"融资体系建设，2017 年 5 月，在"一带一路"国际合作高峰论坛举办期间，中国政府与马来西亚等 26 国财政部共同核准通过了《"一带一路"融资指导原则》，为中马两国政府和民间融资创造了和谐友好的政策环境。2018 年 8 月总理马哈蒂尔访华时，中马续签了《中国人民银行与马来西亚国家银行双边本币互换协议》，签署了《中华人民共和国财政部与马来西亚证券监督委员会跨境会计审计执法合作备忘录》，标志着中马双边会计审计执法合作机制的正式建立。2019 年 4 月第二届"一带一路"国际合作高峰论坛期间，中国财政部与马来西亚证券监督委员会签署了审计监管合作文件，加强跨境审计监管合作；中国银保监会与马来西亚纳闽金融服务局签署了监管合作谅解备忘录。这些合作文件的签署进一步促进了两国资本市场互联互通，深化中马经贸交流与财金合作，切实保障了"一带一路"倡议的顺利实施。

五 民心相通

民心相通方面，2017 年 1 月 5 日，中国文化部印发了《文化部"一带一路"文化发展行动计划（2016—2020 年）》的重要文件，作为推动中国与"一带一路"沿线国家交流合作的重要政策支持。

马来西亚拥有良好的华文教育根基，众多的华人社团和华文报业成为中马人文交流的纽带和桥梁。2014 年 10 月，厦门大学马来西亚校区破土动工，标志着中国第一所海外大学正式诞生，成为中国对外文化交流的新形式。两国《高等教育学位学历互认协议》得到全面落实，这是中国与东盟国家签订的第一个类似协议。2017 年，马来西亚拉曼大学和广西中医药大学在拉曼大学双溪龙校区共建的"中国—马来西亚中医药中心"揭牌开幕，双方将在未来加强科研、培训、文化和医疗领域的合作。① 2018 年全年访马的中国游客达到 294 万人次，中国已连续 7 年成为马来西亚最大游客来源国。在中马两国间学习交流的留学生至 2018 年底已达 2.5 万名。在中资企业的组织下，近年来约 1.9 万人次的马来西亚员工接受了技术培训，而这一培训规模今后还会不断扩大。② 尽管原定 2020 年"中马文化旅游年"举行的相关活动因新冠肺炎疫情影响而被迫宣布取消，但两国民间互动交流的步伐在疫情结束之后不会停止。

综上所述，作为东盟成员中经济发展较快、人均收入水平较高的经济体，马来西亚既是中国共建"一带一路"的重要伙伴，也是中国与东盟实现发展战略对接的重要切入点。迈入新的执政党时期，中马双方应进一步深化合作，共同推动高质量共建"一带一路"和东盟经济共同体的建设。

一是强化同马来西亚政府高层间沟通与交流，进一步推动双方政策和发展战略对接。中国"一带一路"倡议与马来西亚经济发展战略对接可以在两个层次上进行，第一是双方的五年规划，如中国的"十四五"和马来西亚第十二个马来西亚计划。熟悉新执政党时期的经济发展理念下五年计划的重点领域和战略方向，找到双方的合作空间与机会，采取政策支持和企业进入等方式开展合作。第二是依托近期重新拟定的《中马经贸合作五年规划（2020—2024）》，积极挖掘并建立双方信息技术、电子商务、医疗设备等新基建领域合作机遇，增加对马投资、承包项目的支持力度。

二是充分发挥中马经贸互补作用，为两国带来更多经济利益。新形势下继续扩大双边货物、服务贸易规模，提高贸易层次，优化贸易

---

① 《"中国—马来西亚中医药中心"正式挂牌成立》，商务部网站，2017 年 12 月 14 日，http：//my. mofcom. gov. cn/article/sbhz/201712/20171202685102. shtml，2019 年 12 月 15 日。

② 白天：《我们是永远的朋友——写在中马建交 45 周年之际》，《中国东盟博览》2019 年第 12 期，第 22 页。

渠道，有助于削弱 2020 年全球经济下行对国内经济影响；加强对工程承包行业和建筑行业的宏观规划管理，遏制恶性竞争，并积极拓展与马来西亚的经济合作新领域；在电子信息、新能源汽车、造修船等高附加值制造业，特别是高新技术产业化方面加强合作，共同提升在全球产业链中的位置；加快双边本币互换和人民币清算业务等双边既有金融合作机制优化，为中马政府和民间融资创造更好政策环境。

三是扩大境外经济合作区建设，进一步推进国际产能合作。由两国领导人直接倡议和推动的"两国双园"（简称中马钦州产业园区和马中关丹产业园区）项目历经七年携手共建，在产业优势互补、资源优化配置和基础设施互联互通方面都取得了良好成效，为我国与"一带一路"沿线其他东盟国家展开合作提供了新模式。目前中国在马来西亚的境外经济合作区仅一个，即马中关丹产业园区，且具有"港－产－园"的独特优势。应在良好的前期基础上在马来西亚的其他港口地区继续新建主导产业明确、基础设施完备、公共服务功能健全、具有集聚和辐射效应的境外经济合作区，从而推进国际产能合作。

四是中资企业应更加重视马来西亚市场，以马来西亚为基地，辐射整个东盟地区。首先，马来西亚具有良好的投资环境；其次，马来西亚拥有大量年轻、受过良好教育和培训的劳动力资源，特别是华人群体能熟练掌握汉语和英语，熟悉和认同中国文化，能够较好地适应中资企业的管理方式；最后，马来西亚可以在中国—东盟"10＋1"、亚太经合组织（APEC）、博鳌亚洲论坛和中国—东盟博览会等多边合作中发挥重要的平台作用。因此，马来西亚可以作为中资企业"走出去"的第一站，通过管理、控制和协调服务等关键职能，辐射东盟地区。

五是全方位、宽领域、多渠道的加强"民心相通"工作，增加马来西亚民众对华理解与互信，不断夯实中马合作基石。充分发挥各使领馆、文化中心、友好协会、社会组织、民间团体作用及影响力，积极协助马来西亚疫情防控和社会经济恢复工作；加强媒体宣传力度，以政策解读、社交平台推送等多种宣传方式，增进马来西亚政治精英和普通民众对中国及"一带一路"倡议的理解与认同，及时消弭对华误解、偏见；继续深化中马友好城市、港口关系，扩大双边交流互访，增进中马省（州）际间交流；加强双边校际交流、学术研讨、学历互认等文化教育合作，积极凝聚命运共同体意识，推动年青一代成为中马友好关系永续发展的重要新生力量。

在"一带一路"倡议不断推进和中美贸易冲突加剧的大背景下，中马两国应进一步深化中马全面战略伙伴关系。未来将有越来越多的中资企业赴马来西亚投资，为当地带来资金、先进技术和管理经验，创造更多的就业机会，共同推动高质量共建"一带一路"和东盟经济共同体的建设。

第 二 章

企业调查技术报告

　　"一带一路"倡议提出以来，马来西亚作为"一带一路"建设中"21世纪海上丝绸之路"的重要国家，中马友好关系实现跨越式发展，越来越多的中资企业赴马来西亚投资建厂，企业风险和机遇并存。但目前中国国内尚未建立有关投资马来西亚的完备的数据信息采集和分析系统，因而全面了解和掌握马来西亚营商环境和在马中资企业发展现状并建立数据信息采集分析系统显得非常必要。本章主要介绍马来西亚中资企业课题组赴马来西亚的调查方案，分析在马中资企业和马来西亚籍员工的基本特征，对本次调查的样本情况进行总体介绍。

第一节　调查方案

　　作为云南大学"海外中国企业与员工调查"（OCEES）二十国调研课题组之一，马来西亚课题组于2019年10—11月，在马来西亚吉隆坡、雪兰莪、新山、马六甲等地对90家中资企业的管理者及681位员工进行了CAPI问卷调查。以期为深化中资企业赴马来西亚投资、提升投资水平和质量、塑造中资企业海外形象，从而实现"一带一路"建设"共商、共建、共赢"的目标提供参考。

一 项目背景、宗旨和主要内容

（一）项目背景

马来西亚是最早参与和支持"一带一路"倡议的沿线国家之一。在中马历代领导人及两国人民的共同努力下，中马友好关系实现跨越式发展，各领域合作取得丰硕成果。中国已连续 10 年成为马来西亚最大的贸易伙伴国，连续 3 年成为马来西亚制造业投资最大外资来源国，"一带一路"框架下的重点项目建设较为顺利，包括"两国双园"建设顺利推进，东海岸铁路、马来西亚城等项目再度启航，吉利宝腾、阿里巴巴马来西亚数字自由贸易区等。

当前中马关系依然存在着诸多风险和问题，包括马来西亚国内政局波动，为中马政治关系发展增加了不确定因素，马来西亚经济下行压力增大，对双边经贸合作推进速度有所影响，以及美国、日本等域外国家介入影响较大，"印太战略"或将成为压制中国让步的机遇。但在双方高度重视"一带一路"建设的新形势下，针对"一带一路"倡议在马来西亚的推进开展"海外中国企业与员工调查"，了解中资企业在马来西亚的经营和发展、融资与竞争、企业形象与企业社会责任履行等状况，了解马来西亚民众对中资企业、中马关系、中国影响力的态度和看法，对于中马两国共同建设好"一带一路"具有十分重要的现实意义。

（二）项目宗旨

基于以上背景，为实现本课题研究的目标，课题组确立了以下调查和研究宗旨。

第一，建立完备的投资马来西亚的数据信息采集和分析系统。2016 年 5 月，习近平总书记在《在哲学社会科学工作座谈会上的讲话》中指出："要运用互联网和大数据技术，加强哲学社会科学图书文献、网络、数据库等基础设施和信息化建设，加快国家哲学社会科学文献中心建设，构建方便快捷、资源共享的哲学社会科学研究信息化平台。"① 此前，中共中央办公厅、国务院办公厅于2015年初联合印发《关于加强中国特色新型智库建设的意见》，要求新型智库要具备八大基本标准，其中之一便是"功能完备的数据信息采集分析系统"②。教育部《中国特色新型高校智库建设推进计划》也明确提出，要实施社科专题数据库和实验室建设计划，促进智库研究手段和方法创新。③ 围绕内政外交重大问题，重点建设一批社会调查、统计分析、案例集成等专题数据库和以模拟仿真和实验计算研究为手段的社会科学实验室，为高校智库提供有力的数据和方法支撑。然而，迄今为止还没有一套完整的数据可以用来对马来西亚中资企业营商环境进行分析。因此，通过系统地调查，可以建立完备的投资马来西亚的数据信息采集和分析系统。

第二，对马来西亚中资企业进行全面、系统的调查，了解和把握中资企业在马来西亚的营商环境以及企业自身运营的实际情况、遇到的风险和面临的困难。主要调查内容包括马来西亚中资企业的行业分布和生产经营基本情况、运营环境（包括主要风险和制度性困难）、商业利益和社会责任之间的平衡情况及对中国形象塑造的影响等。

第三，对在马来西亚中资企业工作的马来西亚籍员工（包括马来员工、华人员工和印度裔员工）进行大规模的调查，了解和把握马来西亚员工对中资企业的态度和看法，从一定程度上把握马来西亚的社会基本情况和特征。调查内容主要包括员工的个人信息、目前工作状况与工作环境、个人与家庭收入、家庭耐用消费品的使用情况、企业

① 《在哲学社会科学工作座谈会上的讲话（全文）》，人民网，http：//politics. people. com. cn/n1/2016/0518/c1024 – 28361421. html，2016 年 5 月 17 日。

② 《中共中央办公厅、国务院办公厅印发〈关于加强中国特色新型智库建设的意见〉》，中华人民共和国中央政府门户网站，http：//www. gov. cn/xinwen/2015 – 01/20/content_2807126. htm，2015 年 1 月 20 日。

③ 《教育部印发"中国特色新型高校智库建设推进计划"》，中华人民共和国中央政府门户网站，http：//www. gov. cn/gzdt/2014 – 02/28/content_2625304. htm，2014 年 2 月 28 日。

对本地社区影响的认知与评价、对中国国家形象的看法、对大国在当地的软实力影响评价等。

第四，以有限的研究成本、最快的速度和最优质的数据质量提供开放、共享的马来西亚中资企业调查数据，为关注和研究马来西亚的专家、学者、政府部门和企业提供最优质的调查数据，为"一带一路"倡议的推动和稳定持续地发展与马来西亚的双边关系开展决策咨询研究提供坚实的数据支撑，同时为在马来西亚投资的中资企业以及即将向马来西亚投资的中资企业提供数据基础。

（三）主要内容

本次调查设置了企业问卷与雇员问卷，即在每个企业问卷下按照企业人员规模访问多名雇员，构成雇主—雇员匹配数据。

企业调查内容具体由以下四个方面构成：（1）基本信息，包括企业管理人员基本情况和企业基本信息；（2）企业经营状况，包括企业生产经营、融资、固定资产、绩效等方面信息；（3）企业运营环境，包括企业在马来西亚履行企业社会责任情况、企业投资风险、企业公共外交开展情况、企业活动对中国国家形象影响等；（4）企业具体指标，包括公司人员构成和具体经营状况指标。

员工调查内容具体由以下六个方面构成：（1）员工信息，包括婚姻、民族、教育和宗教信仰等；（2）职业发展与工作条件，包括职业经历、工作环境、职业培训和晋升、工会组织、社会保障等；（3）收支，包括个人和家庭收入、家庭社会经济地位、耐用品消耗等；（4）社会交往与态度，包括社会交往、社会距离、企业评价、公共议题等；（5）企业对社区的影响；（6）员工对大国软实力评价，包括媒体使用行为、大国影视文化产品接触、家庭耐用品产地、对中国制造的认知和评价、各大国影响力评价等。

此次马来西亚中资企业调查，以中国商务部境外（马来西亚）投资备忘录名录中的企业作为抽样的总体参考样本，选取在马来西亚运营时长超过一年的中资企业进行访问，其中调查对象分为两类，一类是针对企业问卷选取熟悉本企业情况的高层管理人员；另一类是针对员工问卷选取在该中资企业连续工作 3 个月以上且年满 18 岁的马来西亚员工。通过实地调查，课题组最终共获得合格企业问卷 90 份，雇员问卷 681 份。

二　调查模式与执行

实地调查模式以"1 + 1 + 1 + X"的模式，1 位组长、1 位访问督导、1 位后勤人员、多位懂三语（马来语、中文、英文）或双语（英语、中文）的访员分成若干小分队，按照受访中资企业的规模和马来西亚籍员工的人数灵活安排马来西亚语访员的人数，由课题组组长带队前往马来西亚各地的中资企业进行调查。

为确保调查的顺利进行，一方面，课题组在招募访员时，以云南大学国际关系研究院、发展研究院和"一带一路"研究院的共 12 名师生作为督导、访员和后勤人员；另一方面，课题组于 2019 年 10 月至 11 月，联合马来亚大学中国研究所林德顺博士、新纪元大学学院廖文辉副教授，招募来自马来亚大学、新纪元大学学院和厦门大学马来西亚分校的 30 多名掌握三语的学生作为访员，以马来西亚吉隆坡为主，同时覆盖雪兰莪、新山、马六甲开展访谈和问卷调查。

围绕中国在马投资的主要领域，马来西亚课题组的调研行业以建筑业、交通运输业、服务业为主，同时访问了一定数量的制造业。调研企业所有制性质以大型央企和地方国有企业为主，兼顾中小型私营企业。

三　质量控制

本次调查主要通过事前质量控制、实地质量控制和后期质量控制来保证调查数据的真实性、有效性和完整性。同时，调查使用了 CA-PI（计算机辅助个人访谈）数据收集方法来提高质量控制水平，并通过减少数据录入、编辑和运输硬拷贝问卷到总部的时间加快数据的收集。

（一）事前质量控制

1. 访员培训

为确保马来西亚中资企业调查的质量和效率，课题组在出访前对访员进行了为期4天的系统培训，培训项目的主题和主要内容包括：（1）详细解释调查项目的目的；（2）解释、说明问卷结构和内容；（3）调查所用的CAPI系统的使用方法；（4）访员的基本行为规范；（5）访员的职责与要求；（6）调查过程中的访问技巧；（7）项目团队对访员质量的控制；（8）模拟访问练习，包括督导与访员之间的信息传递练习、每个访员尝试扮演采访者和受访者进行访员之间的调查练习；（9）实地访问练习，每个访员都进行一次室外实地采访，以检验问卷和系统的熟悉程度；（10）对任何可能出现的问题和受访者可能提出的疑问进行讨论；（11）调查的后勤保障工作。

2. 雇员问卷的翻译

为了确保访问过程中不出现语言偏差，课题组将中文版的雇员问卷委托云南大学外国语学院的英语教师翻译为英文问卷，并进行多次交叉互校。

（二）实地质量控制

调查期间，课题组以"1＋1＋1＋X"的模式，即1位组长、1位访问督导、1位后勤人员、多位懂三语（马来语、英文、中文）或双语（英文、中文）的访员分成若干个调查小组，由小组长带领前往调查企业，访员在督导的监督下进行面对面访问。督导主要通过考察拒访率、问卷完成时间、随机陪访监督等对访问数据质量进行控制。同时，督导就访员访问过程中实际遇到的困难及时与访员沟通并加以解决。

课题组根据"海外中国企业与员工调查"项目的总体要求，每天撰写调查日志和报告，对当天工作进度进行报告。访问督导在当天总结会议上，对访员每天撰写的实地调查日志和报告进行总结，并监督访员将问卷数据进行核查与回传。

此外，为保证在尽可能短的时间访问更多的企业管理者和员工，在组长统一部署和协调下，在所有课题组成员的共同努力下，每日工作量非常饱满，在长达 24 天的调研中仅休息了 1 天。

（三）后期质量控制

第一，调查期间数据回传后的质量控制：在云南大学访问终端后台，针对马来西亚课题组，设置了由专门的技术人员、英语专业、马来西亚语专业学生组建的核查、质控小组。每天对回传回来的录音文件及问卷数据按照 15% 的比例进行重听及核查，避免出现由于误听误填等情况而导致的误差，并每天就所发现的问题与相应的访员进行联系，提醒其访问过程中存在的错误，以便及时改正。

第二，在总的调查项目结束后，课题组的编辑团队同核查、质控小组对调查问卷进行第二次检查，以确保调查数据的准确性。

第二节　企业数据描述

本次调研根据商务部备案的驻马中资企业名录，共访问 90 家在马中资企业。调研地区选择了中资企业较为集中的吉隆坡市、雪兰莪州、彭亨州和马六甲州，受访企业的行业类型、规模大小、控股情况等覆盖当前在马中资企业的主要类型，具有一定的代表性。

本节将描述受访企业的基本信息和特征，为本书有关企业数据的进一步分析做铺垫。主要从企业样本的基本特征和受访管理者的基本特征两个方面进行描述。企业样本的基本特征包括企业的注册时间和运营时间、企业所属行业分布、企业所在城市类型分布、企业在中国拥有母公司状况、企业加入中国商会状况以及在中国商务部进行境外投资备案状况。受访管理者的基本特征包括受访管理者的性别分布、职务分布及受教育程度分布。

一　企业样本的基本特征

从企业样本的注册年份分布来看（见图2-1），受访企业最早注册时间为1989年。从1989年到2010年，注册的中资企业数呈稳定发展态势，即每年的注册率在1.5%左右。而从2010年开始，在马注册企业明显增多，并在2013年和2017年出现两个高峰时间，其注册企业数占比分别高达16.42%和17.91%。

企业样本的运营年份分布基本与注册年份分布大致相当，差异主要表现在2010年以后。主要是2013年和2017年，运营年份占比明显高于注册年份占比4个百分点左右，这表明2013年和2017年是中资企业在马发展的两个重要年份。2013年中马两国签署了《中马经贸合作五年规划》，并将两国关系提升为"全面战略伙伴关系"，该年两国的货物贸易总额达到了近三十年的最高点。2017年是纳吉布政府执政推出经济刺激计划的重要年份，推出了《马来西亚生产力蓝图》计划和2050国家转型计划，[①] 进一步加大吸引外资的力度，引导外资投资到服务业、采矿业和制造业领域，并把工业4.0纳入经济转型蓝图，努力实现自动化，减少对外国工人的依赖。同年还推出了世界上第二个数字自由贸易区，加快推动吉隆坡互联网城市建设，鼓励更多企业进入电商行业，发展数字经济。

首先，本次调研充分考虑了企业的所有制性质分布和行业分布，既兼顾大型国有控股央企、省属国企和非国有控股企业，也覆盖建筑业、批发和零售业、租赁和商业服务业、交通运输业、制造业和其他行业。从图2-2中可以看出，国有控股企业和非国有控股企业都覆盖了五大主要行业。国有控股企业在建筑业、制造业、交通运输业和其他行业中的占比高于非国有控股企业。这说明这些领域投资大、回报周期长，国有控股企业更具有投资优势。而非国有控股企业在批发和

---

① 韦朝晖：《马来西亚：2017年回顾与2018年展望》，《东南亚纵横》2018年第2期。

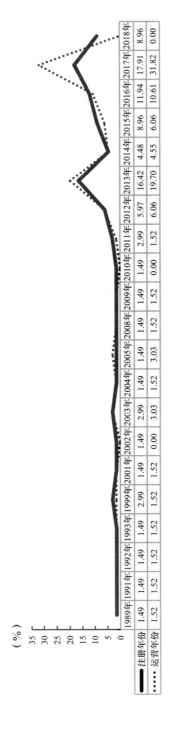

	1989年	1991年	1992年	1993年	1999年	2001年	2002年	2003年	2004年	2005年	2008年	2009年	2010年	2011年	2012年	2013年	2014年	2015年	2016年	2017年	2018年
注册年份	1.49	1.49	1.49	1.49	2.99	1.49	1.49	2.99	1.49	1.49	1.49	1.49	1.49	2.99	5.97	16.42	4.48	8.96	11.94	17.91	8.96
运营年份	1.52	1.52	1.52	1.52	1.52	1.52	0.00	3.03	1.52	3.03	1.52	1.52	0.00	1.52	6.06	19.70	4.55	6.06	10.61	31.82	0.00

注册年份 ⸺ 运营年份 ……

图 2-1 企业样本的注册年份和运营年份分布

零售业、租赁和商务服务业中的数量占比明显高于国有控股企业。在国有控股企业中，建筑业企业占比超过一半（53.13%），在非国有控股企业中，建筑业企业占比也近四成（37.84%）。这表明建筑行业是中资企业最主要的投资行业，几乎占据了中资企业总数的"半壁江山"。

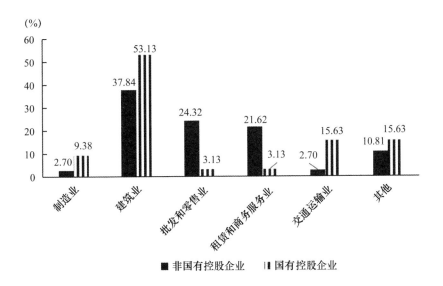

图2-2 按企业所有制性质划分的企业所属行业分布

其次，按企业所有制性质划分来考察企业所在城市类型分布，从图2-3可见，本次调研企业样本主要集中在马来西亚首都吉隆坡，无论是国有控股企业还是非国有控股企业，占比均超过八成。其次有不足二成的企业来自商业城市，而不在城市的企业样本数量非常少。吉隆坡是马来西亚的经济文化中心，马来西亚其他城市的现代化程度与吉隆坡市尚有较大差距。整体上无论是国有控股企业还是非国有控股企业，其在马来西亚投资都会首选将公司设在吉隆坡市。

再次，按企业所有制性质划分来考察企业在中国是否有母公司的情况。从图2-4可见，国有控股企业中有96.88%的企业在中

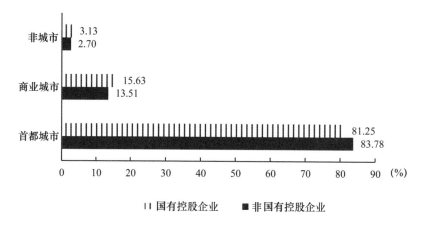

图2-3 按企业所有制性质划分的企业所在城市类型分布

国都有母公司。这一占比明显比非国有控股企业高26.61个百分点。这也揭示了不同所有制性质企业在马来西亚的投资模式的差异，即众多国有控股企业以中国母公司为核心，不断加大海外投资，海外资产规模不断增大。而非国有控股企业中有29.73%是直接走向海外进行投资。

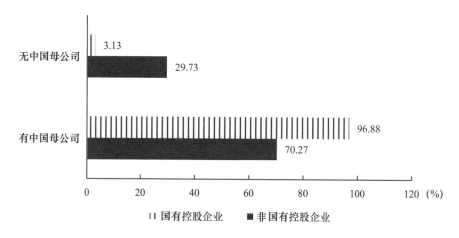

图2-4 按企业所有制性质划分的企业在中国是否有母公司状况

复次，按企业所有制性质划分来考察企业加入马来西亚中国商会的情况。此处中国商会是统称，泛指在马来西亚的各种商会组织，如马来西亚中资企业协会、马来西亚浙江商会等。从图2－5可见，在国有控股企业中有四分之三的企业加入了马来西亚中国商会，这一占比比非国有控股企业高5.56个百分点。这也揭示了无论何种所有制性质的企业，都倾向于加入中国商会"抱团出海"。商会组织不仅可以与马来西亚国际贸易及工业部、马来西亚财政部、马来西亚旅游部等相关政府部门与机构、工商团体及马来西亚中资企业协会保持密切合作，也和中国商务部等相关政府部门与机构、中国驻马大使馆经商处、中国国务院侨办、侨联、中国国际贸易促进委员会、中国海外交流协会、中国—东盟博览会秘书处、中国—东盟商务与投资峰会秘书处、中国国际商会、中华全国工商业联合会、中国中小企业国际合作协会、中国外商投资企业协会等保持联系。同时在马来西亚和中国主办、协办或参加商品展览会、经贸及投资洽谈会与交易会，进一步发挥在共缔双赢的大前提下，扮演好促进中马两国的经贸发展与投资合作的桥梁角色。

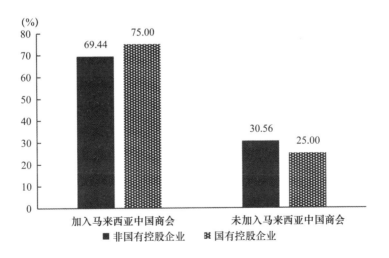

图2－5 按企业所有制性质划分的企业加入马来西亚中国商会状况

最后，按企业所有制性质划分来考察企业在中国商务部备案的情况。按照《商务部关于印发〈境外中资企业（机构）报到登记制度〉的通知》规定，境内企业对外投资后，应到驻在国（地区）使（领）馆经商处（室）登记备案。企业或人员等信息发生变化的，也应及时更新备案信息。

从图2-6可见，在国有控股企业中有近四分之三（74.19%）的企业在中国商务部进行了境外投资备案，这一占比比非国有控股企业高22.58个百分点。这表明绝大多数国有控股企业会遵守相关法律规定进行境外投资备案。而约有一半的非国有控股企业并没有进行备案。这将影响我国相关政府部门对在马投资企业的监管与服务，需在今后进一步加强对非国有控股企业的境外投资备案管理工作。

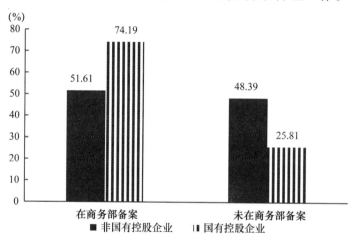

图2-6　按企业所有制性质划分的企业在中国商务部进行境外投资备案状况

二　受访管理者的基本特征

课题组采取每家企业访问1名中高层管理者，并完成企业问卷。企业问卷分为工业企业问卷和服务业企业问卷两类。首先，按企业所有制性质划分来考察受访中资企业中高层管理者的性别分布情况。从图2-7可见，国有控股企业中受访男性管理者占比超过九成（93.75%），而非国有控股企业的占比81.08%。

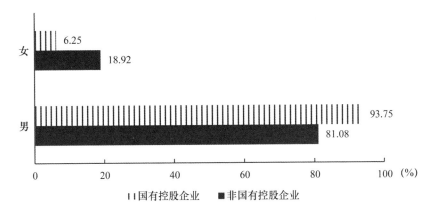

图2-7 按企业所有制性质划分的受访管理者性别分布

其次，按企业所有制性质划分来考察受访中资企业中高层管理者的职务分布情况。从图2-8可见，国有控股企业中有七成以上（71.88%）的受访者为总经理或CEO职务，有6.25%的受访者为副总经理。这说明我们的调查得到了国有控股企业的积极配合和大力支持，整体企业问卷的受访对象符合调查预期要求，通过访问高层管理者获得企业翔实、丰富的信息。而在非国有控股企业中，总经理或

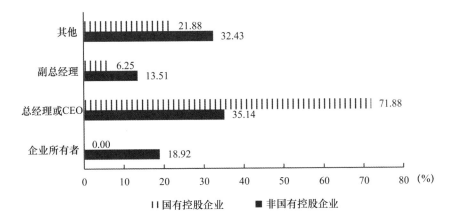

图2-8 按企业所有制性质划分的受访管理者职务分布

CEO、副总经理的占比也达到了近半数。如果总经理和副总经理因外出或其他原因无法回答，则要求人事处经理或财务处经理进行回答，以保障企业问卷的信息填答的完备性和准确性。

最后，按企业所有制性质划分来考察受访管理者的受教育程度分布情况。从图2-9可见，在国有控股企业中，一半（50%）的管理者拥有本科学历，还有四成（40.63%）拥有硕士及以上学历。同时，近一成（9.38%）的管理人员为专科学历。也就是说，国有控股企业的所有管理人员都获得了大学及以上的学历，且受硕士及以上受教育程度的管理人员占比高于非国有控股企业占比5.47个百分点，管理人员的文化素质较高。而在非国有控股企业中，获得专科及以上学历的管理人员占比也达到了94.6%。仅有5.40%的受访者为中学学历。

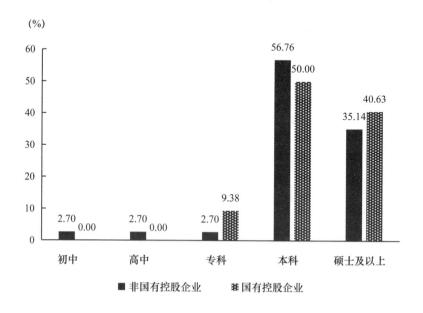

图2-9　按企业所有制性质划分的受访管理者受教育程度分布

第三节　员工数据描述

作为针对"一带一路"沿线国家的全国性调查数据，"海外中资企业与员工调查"的马来西亚调查组将调研大量中资企业工作的本地员工，覆盖三大族群，即包括马来员工、华人员工和印度裔员工以及部分外籍劳工（外籍劳工状况主要作为与正式员工的比较，没有放入本次调研报告内容当中，所以实际进入分析的员工为正式员工共 584 个样本）。通过本节对员工样本数据的描述性分析，为本书关于马来西亚员工数据的进一步分析做铺垫和基本介绍。

一　按性别划分的受访员工特征

在有效的 584 个马来西亚籍员工样本中，年龄最小的员工为 17 岁，最大的为 59 岁。按性别划分的受访员工年龄分布来看（见图 2 - 10），无论是男性员工还是女性员工，其年龄以 26—35 岁为主，二者占比均超过四成；其中该年龄组女性占比略高于男性（2.3 百分点）。而在 17—25 岁组和 36 岁及以上组中，男性和女性的占比均为四分之一以上；其中的 36 岁及以上组男性占比略高于女性（3 个百分点）。总体来看，中资企业雇用马来西亚员工以青壮年劳动力为主，即年龄段分布在 17—25 岁和 26—35 岁的员工，占比都超过了七成，且雇用青壮年这一特征在女性员工中更为突出。

按性别划分的受访员工受教育程度分布来看（见图 2 - 11），无论是男性还是女性，主要雇用本科学历的员工，男性员工占比超过 50%，女性员工的占比近六成（59.54%）。其次是雇用中学学历的员工，男性员工占比超过 40%，女性员工的占比超过 30%。同时，女性员工中拥有硕士及以上学历的占比为 7.63%，高于男性员工 2.66 个百分点。这表明不论是男性还是女性，在马中资企业更偏向于招募受过中高等教育的员工，且对女性的学历要求高于男性。

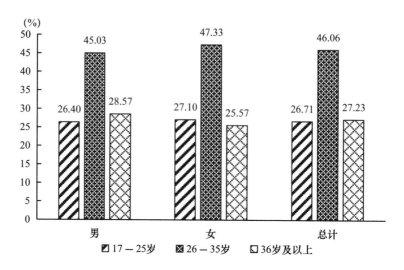

图 2 – 10 按性别划分的员工年龄分布（N = 584）

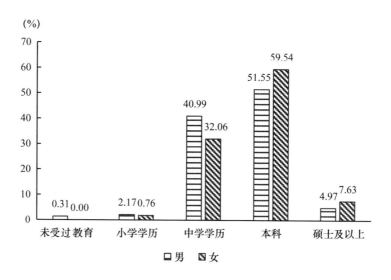

图 2 – 11 按性别划分的员工受教育程度分布（N = 584）

同时，中资企业雇用本地员工以马来员工①和华人员工为主，二者相对于印度裔员工具有语言上的明显优势，同时受教育程度也较高。在我们的员工样本中，按性别划分的受访员工族群分布来看（参见表2-1），男性马来员工和华人员工均超过四成，而女性中雇用的更多是华人员工，占比近七成（69.08%），女性马来员工还不到三成。同样，男性印度裔员工受访者占比也较多，高于女性占比5.23个百分点。

表2-1　　　　按性别划分的员工族群分布（N=581）　　（单位：%）

族群	男	女	总计
马来人	44.52	28.63	37.35
华人	47.96	69.08	57.49
印度裔	7.52	2.29	5.16

在宗教信仰方面（参见表2-2），受访男性员工以信仰伊斯兰教为主，占比为44.72%，其次是佛教，占比为32.92%。女性员工以信仰佛教为主，占比超过一半，其次才是伊斯兰教，占比为29.39%。这主要是由于中资企业的女性雇员主要是华人，而华人最主要信仰佛教。另外，还有少数员工信仰基督教、印度教和道教以及不信仰任何宗教，但男性和女性占比均低于一成。

表2-2　　　　按性别划分的员工宗教信仰分布（N=584）　　（单位：%）

宗教信仰	男	女	总计
伊斯兰教	44.72	29.39	37.84
佛教	32.92	50.76	40.92
基督教	6.52	5.73	6.16
印度教	6.52	2.67	4.79
道教	3.73	4.20	3.94
不信仰任何宗教	5.59	7.25	6.34

———————

① 特别强调，为与马来西亚华人、马来西亚印度裔作区分，本书中所言马来人、马来员工均指除华人、印度裔等之外的马来西亚原住民。

在婚姻状况方面（参见图2－12），女性员工中单身/未婚占比超过半数，为53.05%，高于男性2.43个百分点。婚姻的女性占比为44.27%，比男性员工占比低2.62个百分点。无论是男性还是女性员工，其结婚但分居或离婚的占比都非常低。这表明受访员工样本以单身/未婚、已婚这两种婚姻类型为主，且以单身/未婚的员工居多。

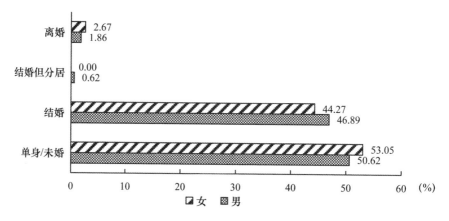

图2－12　按性别划分的员工婚姻状况分布（N=584）

按性别划分来考察受访员工是否为管理人员的分布情况。如图2－13

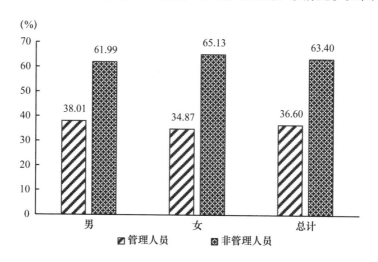

图2－13　按性别划分的员工是管理人员分布（N=582）

所示，男性员工中管理人员占比为38.01%，高于女性员工3.14个百分点。男性员工中非管理人员占比为61.99%，低于女性员工3.14个百分点。这表明本调查的员工样本在职位层级上具有较好的覆盖性。

二 按年龄组划分的受访员工特征

此外，我们按年龄组划分来考察受访员工的基本特征。表2-3呈现了按年龄组划分的族群差异。在17—25岁年龄组中，华人员工的占比最高，为56.77%；其次是马来员工，占比为37.42%；印度裔员工的占比最少，仅为5.81%。在26—35岁年龄组中，华人员工的占比仍然最高，53.36%；其次是马来员工，占比为42.54%；印度裔员工的占比最少，仅为4.1%。在36岁及以上年龄组中，这一趋势仍未改变，且华人员工的占比超过了六成（65.19%）。这表明无论哪个年龄组，受访华人员工都较多；受访马来员工主要集中在26—35岁、17—25岁这两个年龄组。无论哪个年龄组，受访印度裔员工都很少。

表2-3　　　　按年龄组划分的受访者族群分布（N = 581）　　　（单位:%）

族群	17—25岁	26—35岁	36岁及以上	总计
马来人	37.42	42.54	28.48	37.35
华人	56.77	53.36	65.19	57.49
印度裔	5.81	4.10	6.33	5.16

接下来，按年龄组划分来进一步考察受访员工的受教育程度分布情况。如表2-4所示，在17—25岁年龄组中，受访员工受教育程度为本科学历的占比最高，超过半数（53.21%）；其次是中学学历，占比为43.59%；而小学学历、未上过学和硕士及以上学历的员工占比都很少。在26—35岁年龄组中，受访员工受教育程度同样为本科学历的占比最高，超过六成（60.22%）；其次是中学学历，占比为30.48%；而小学学历、未上过学员工占比很少，硕士及以上员工占

比有所提高，达到 8.55%。在 36 岁及以上年龄组中，受访员工受教育程度为本科学历的占比有所降低，为 48.43%；中学学历员工占比为 41.51%；硕士及以上学历员工占比为 5.66%；小学学历和未上过学的员工占比很少。这表明无论哪个年龄组，受访员工以本科学历和中学学历为主，员工的文化素质普遍较高，同时在调研中发现员工工作语言以中文和英文为主，且绝大多数公司的办公系统和内部报表是英文，这也是马来西亚劳动力市场所具备的重要优势。

表 2-4　　　　　　按年龄组划分的员工受教育程度分布（*N* = 584）　　　（单位：%）

受教育程度＼年龄段	17—25 岁	26—35 岁	36 岁及以上	总计
未上过学	0.64	0.00	0.00	0.17
小学学历	0.00	0.74	4.40	1.54
中学学历	43.59	30.48	41.51	36.99
本科	53.21	60.22	48.43	55.14
硕士及以上	2.56	8.55	5.66	6.16

最后，按年龄组划分来考察受访员工的出生地分布情况。如表 2-5 所示，无论在哪个年龄组，员工都主要来源于城市，且以最年轻的 17—25 岁年龄组最为明显，其来自城市的员工占比近七成（69.87%）。而来自农村的员工主要集中在 36 岁及以上年龄组，占比近五成（45.28%）。

表 2-5　　　　　　按年龄组划分的员工出生地分布（*N* = 584）　　　（单位：%）

出生地＼年龄段	17—25 岁	26—35 岁	36 岁及以上	总计
农村	30.13	37.92	45.28	37.84
城市	69.87	62.08	54.72	62.16

小　结

本章为马来西亚中资企业调查技术报告，主要内容有如下几个方面。

首先，课题组设置企业问卷与雇员问卷，在充分的前期准备和调查期间严格的质量控制下，力求对马来西亚中资企业进行全面、系统的调查。一方面了解和把握在马中资企业的营商环境以及企业自身运营的实际情况、遇到的风险和面临的困难等；另一方面对在中资企业工作的马来西亚员工进行大规模调查，了解和把握马来西亚员工对中资企业的态度和看法、大国在当地的软实力影响等，从一定程度上把握马来西亚的社会基本情况和特征。

其次，本次调研充分考虑了企业的所有制性质分布和行业分布，既兼顾大型国有控股央企、省属国企和非国有控股企业，同时覆盖建筑业、批发和零售业、租赁和商业服务业、交通运输业、制造业和其他行业。企业主要集中在首都吉隆坡，绝大多数企业加入了马来西亚中国商会。同时，国有控股企业中有四分之三在中国商务部进行了境外投资备案，而非国有控股企业占比仅为半数，今后需进一步加强对非国有控股企业的境外投资备案管理工作。

再次，本次调研中国有控股企业中有近八成的受访者为总经理或副总经理。而在非国有控股企业中，总经理和副总经理的占比也达到了近半数。这说明我们的调查得到了国有控股企业的积极配合和大力支持，整体企业问卷的受访对象符合调查预期要求。同时，受访管理者中男性占比略高于女性，整体文化素质较高，能够提供翔实、准确的企业相关信息。

最后，按性别和年龄组划分来概括分析员工样本的主要特征。具体而言，中资企业雇用马来西亚员工以 17—35 岁青壮年劳动力为主，且雇佣青壮年这一特征在女性员工中更为突出。这表明不论是男性还是女性，在马中资企业更偏向于招募接受过中高等教育的员工，且对女性的学历要求高于男性。男性马来员工和华人员工占比均超过四成，而女性中雇用的更多是华人员工，占比近七成。在宗教信仰方面，受访男性员工以信仰伊斯兰教为主，女性员工则以信仰佛教为主。无论男性还是女性，受访员工样本以单身/未婚、已婚这两种婚姻类型为主。同时，员工样本在职位层级和城乡来源上具有较好的覆盖性。

第 三 章

企业生产经营与市场竞争

"一带一路"倡议实施以来，我国对马来西亚投资保持持续高速增长，中马两国的经贸合作在宽领域和多层次深度发展。已经在马来西亚投资的中国知名企业包括华为技术有限公司（信息与通信技术解决方案供应商）、西安隆基硅材料股份有限公司（太阳能）、信义玻璃控股有限公司（太阳能光伏玻璃）、联合钢铁（大马）集团公司（综合钢铁制造）、晶科能源控股有限公司（光伏电池和组件）等。除制造业之外，还涵盖新能源、电力、石油化工、轨道交通、港口、农渔业、金融等多个领域。特别在对外承包工程方面，2017年，新签合同额中马来西亚位居首位，营业收入位居次席，马来西亚无疑成为中国企业"走出去"的重点国别。

然而，在世界经济低迷不振、国际市场风云突变的背景下，跨国企业生存环境更加恶劣。同时，由于马来西亚自身市场体量的狭小，大量中资企业特别是同行业企业的蜂拥而至，势必造成市场"同类竞争"的日益激烈和企业利润的减少。因此，考察中资企业在东道国的生产经营情况与市场竞争状况，不仅可以为现东道国的中资企业提供市场建议，也为将要进驻东道国市场的企业规避风险和合规经营提供参考。

本章主要考察中资企业在马来西亚的生产经营与市场竞争。第一节主要分析马来西亚中资企业每周平均营业时间、开工时长和销售状况等。第二节主要从不同行业角度对2013年迄今中资企业市场竞争状况进行分析。第三节主要对不同行业企业的股权状况和变化以及企业融资状况进行描述与分析。

第一节 生产经营

企业生产经营状况主要涉及企业平均营业（开工）的时长以及销售市场等方面的分析。销售市场主要包括企业所在地（即企业所在行政区）、马来西亚国内、中国市场以及国际市场。通过探究不同性质的企业主营产品主要销售地、不同市场的份额、出口类型以及定价方式等情况来分析在马中资企业的生产经营状况。

一 企业营业与开工时长

图 3-1 描述了企业每周平均营业/开工时长。其中，企业每周平均营业/开工时间在 30—40 小时的占比最多，接近六成（58.82%）。其次，14.71% 的企业每周平均营业/开工的时间为 41—50 小时。再次，11.77% 的企业每周平均营业/开工的时间为 51—60 小时。企业每周平均营业/开工时长为 30 小时以内、61—70 小时、70 小时以上的企业占比较低，占比均为 5% 左右。通过图 3-1 可以看出，在马来西亚的中资企业中，仍有 22.06% 的企业存在每周工作时长超过 50 小时的现象。根据马来西亚《劳动法》，正常工作时数每天不得超过 8 小时或每周不得超过 50 小时，超时加班工作的补贴为平时工作的 1.5 倍，假日及假期为 2 倍。[①] 由此可见近八成的企业的工作时长在马来西亚劳动法规定的正常时数内。这反映出在工作时长方面，大部分中资企业能够遵守马来西亚《劳动法》，做到合法合规经营。

---

① 中华人民共和国商务部：《对外投资合作国别（地区）指南（马来西亚 2019 年版）》，第 48 页。

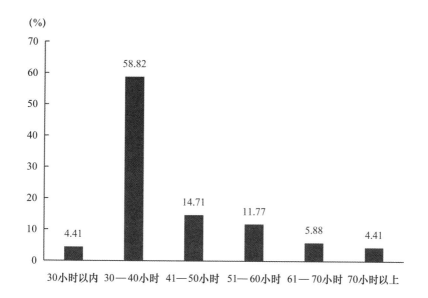

图 3 - 1 企业每周平均营业/开工时间分布

二 企业销售状况

就马来西亚中资企业产品的主要销售市场分布而言，如表 3 - 1 所示，就运营时间来看，运营时间超过 5 年的企业中有超过六成（62.16%）的市场是在马来西亚国内，另外还有超过两成（24.32%）的市场在马来西亚国际。还有 10.81% 的企业主营产品分布在企业所在地（企业所属行政区）。其中，主营产品出口到中国市场的比例最低，仅为 2.7%。运营时间低于 5 年的企业主营产品的销售市场分布中，马来西亚国内市场分布最为突出，占比超过六成（65.63%）。其次，主营产品的销售市场在企业所在地的企业为 15.63%。再次，出口到国际市场的企业占 12.5%。出口到中国市场的企业占比最低，仅为 6.25%。由表 3 - 1 得知，2018 年企业运营时间长短对中资企业主营产品的销售市场分布差异不显著。在所调查的马来西亚中资企业中，建筑业企业占比较大，而基础设施建设主要在马来西亚国内，故中资企业主营产品出口的比例较低。

就企业所有制性质而言，63.64% 的国有控股企业主营产品的销售市场为马来西亚国内。其次，24.24% 的国有控股企业的主营产品销售市场为国际市场。将近一成的（9.09%）国有控股企业的销售市场是在企业所在地市场。另外，国有控股的企业中，其主营产品地销售市场为中国的仅占 3.03%。非国有控股的中资企业，主营产品在马来西亚国内市场销售的企业为六成左右（63.89%）。主营产品的销售市场为企业所在地市场或者国际市场的企业比例趋同，分别为16.67%、13.89%。同时，企业主营产品出口到中国市场比例最低，仅为 5.56%。由此可见，企业所有制性质对企业主营产品的销售市场影响不大。但不容忽视的是，国有控股企业中主营产品的销售市场为国际市场的比例较非国有控股的企业高 10.35 个百分点左右。这说明，在一定程度上，国有控股企业的国际化程度更高。

表 3 - 1　　　　　　2018 年主营产品的销售市场分布　　　　（单位：%）

	企业所在地	马来西亚国内	中国	国际
运营超过 5 年	10.81	62.16	2.70	24.32
运营低于 5 年	15.63	65.63	6.25	12.50
国有控股	9.09	63.64	3.03	24.24
非国有控股	16.67	63.89	5.56	13.89
参与国际标准化制定	0.00	71.43	0.00	28.57
未参与国际标准化制定	11.11	77.78	0.00	11.11

就企业是否参与国际标准化制定来看，参与国际标准化制定的中资企业中超过七成（71.43%）的企业主营产品的销售市场为马来西亚国内，另外 28.57% 的企业主营产品的销售市场为国际市场。未参与国际标准化制定的企业中，主营产品的销售市场为马来西亚国内市场的企业占比最多，达到了 77.78%。另外，主营产品销售市场为本地或者国际市场的企业均占比 11.11%。是否参与国际标准化制定对

企业主营产品在企业所在地销售与否有一定的影响。参与国际标准化制定的企业的主营产品均未在企业所在地市场销售，且其主营产品出口到国际市场的企业较未参与国际标准化制定的企业高 17.46 个百分点。这反映出参与国际标准化制定的企业的主营产品在国际市场上的认可度较高。

表 3-2 给出了马来西亚中资企业主营产品的 2018 年市场份额分布。数据显示，就本地市场的份额来说，市场份额小于 1% 的企业最多，占比超过了六成（62.5%）。在本地市场份额为 11%—20%、31%—50%、51%—70% 的企业，占比相同，均为 12.5%。就马来西亚国内市场的份额来看，各比例段的企业分布较为分散。半数以上（53.85%）的企业在该类的市场份额为小于 1%，市场份额为 1%—10% 的企业为 30.77%。84.62% 的企业在马来西亚国内市场份额分布均低于 10%。从中国市场的份额来看，所有的中资企业的市场份额都小于 1%。此外，中资企业在国际市场的份额较小，市场份额占国际市场 10% 及以下的企业占总样本的 75%。

表 3-2　　　　**2018 年企业主营产品在主要市场的市场份额分布**　　（单位：%）

	小于 1%	1%—10%	11%—20%	21%—30%	31%—50%	51%—70%	71%—100%
本地	62.50	0.00	12.50	0.00	12.50	12.50	0.00
马来西亚国内	53.85	30.77	2.56	5.13	2.56	5.13	0.00
中国	100.00	0.00	0.00	0.00	0.00	0.00	0.00
国际	25.00	50.00	12.50	0.00	12.50	0.00	0.00

总的来看，无论何种类型的市场，2018 年企业主营产品在主要市场的份额分布在 10% 及以下的企业占比最多。这反映了中资企业在马来西亚面临的市场竞争较为激烈，需要进一步增强自身实力，扩大市场份额。

企业产品出口类型分布主要分为原始设备制造商、原始设计制造商、原始品牌制造商以及其他。原始设备制造即买主提出要求，公司加工后贴上买主品牌出口；原始设计制造即买主提出要求，公司自行设计、加工后贴上买主品牌出口；原始品牌制造即母公司或本公司提出要求，自行设计、加工后贴上自有品牌出口。

如表 3 - 3 所示，从运营时间来看，运营时间超过五年的企业中，超过四成（42.86%）的企业是原始品牌制造商，原始设备制造商和"其他"占比相同，均为 28.57%。运营时间低于五年的企业中，原始品牌制造商占比最多，比例为四分之三（75%）。另外四分之一的出口企业为原始设计制造商。运营时间因素对原始品牌制造商比例影响较大。

就是否国有控股企业来看，国有控股的出口企业分布较为多元。属于原始品牌制造商的企业最多，比例为 40%。属于原始设备制造商、原始设计制造商以及其他出口企业的比例相同，占比均为 20%。非国有控股的企业中，原始品牌制造商的占比接近七成（66.67%）。其次，出口企业中属于原始设备制造商或"其他"的占比相同，均为 16.67%。这表明在马中资企业以原始品牌制造商为主。

表 3 - 3　　　　　　　　企业产品出口类型分布　　　　　　（单位：%）

	原始设备制造商	原始设计制造商	原始品牌制造商	其他
运营超过 5 年	28.57	0.00	42.86	28.57
运营低于 5 年	0.00	25.00	75.00	0.00
国有控股	20.00	20.00	40.00	20.00
非国有控股	16.67	0.00	66.67	16.67

表 3 - 4 给出了中资企业在马来西亚的定价方式分布。定价方式主要分为市场定价、成本加成、政府定价、买方议价以及其他方式。首先，运营时间超过五年的企业有超过六成（63.89%）通过市场定价。实行成本加成或者根据"其他方式"来定价的企业均为

13.89%。通过买方议价或者政府定价的比例均低于一成，分别为5.56%和2.78%。其次，运营时间低于五年的企业，根据市场定价的比例最多，占比超过了七成（72.41%）。采用"其他方式"定价的企业接近两成（17.24%）。采用成本加成和买方议价方式的比例均低于一成，分别占比3.45%和6.9%。由此可见，运营时间长短因素对企业采用何种定价方式影响不大。超过六成的企业根据市场情况来定价，这说明马来西亚国内营商环境市场化程度高。

就企业所有制性质而言，据表3-4可见，国有控股企业与非国有控股企业在采用市场定价方面的比例趋同，均接近七成（占比分别为66.67%、68.57%）。在国有控股企业中，采用成本加成和"其他方式"定价的企业比例相同，均为13.33%，采用政府定价和买方议价的比例也相同，均为3.33%。在非国有控股的企业中，采用"其他方式"定价的企业的比例接近两成（17.14%）。采用买方议价和成本加成定价方式的企业比例均低于一成，分别为8.57%和5.71%。采用市场定价的方式仍是绝大部分企业的首选。国有控股企业中采用政府定价的比例高于非国有控股企业，这也说明国有控股企业与马来西亚政府合作更多。

表3-4	企业在马来西亚的定价方式分布				（单位:%）
	市场定价	成本加成	政府定价	买方议价	其他方式
运营超过五年	63.89	13.89	2.78	5.56	13.89
运营低于五年	72.41	3.45	0.00	6.90	17.24
国有控股	66.67	13.33	3.33	3.33	13.33
非国有控股	68.57	5.71	0.00	8.57	17.14

表3-5描述了按行业划分的销售渠道类型分布。在问卷设计中，销售渠道类型的分布问题涉及的选择为：互联网渠道、传统渠道（即采用线下销售的方式）以及不清楚销售渠道。所调查的企业类型按照

所从事的行业来划分，涉及的行业分别为制造业、建筑业、批发和零售业、租赁和商务服务业、交通运输业以及其他行业。调查数据显示，从事制造业、建筑业、批发和零售业以及其他行业的企业均采用传统渠道来进行销售。针对该现象原因，调查组主要从三个方面考虑。一是建筑行业的特殊性质导致对传统渠道依赖强。建筑业涉及的合作领域复杂、涉及的领域多样等，使得采用互联网渠道销售方式难以满足其生产活动。二是制造业与批发和零售业互联网销售所依托的基础设施薄弱。调研组实地调研发现，马来西亚线上交易平台、物流等相关互联网基础欠缺等，在很大程度上影响了互联网销售渠道的运用。三是由于样本量不足而导致的偏差结果。另外，租赁和商务服务业对互联网销售渠道的依赖很强，该种销售方式的占比接近九成（87.5%），而传统渠道的销售方式仅占12.5%。这说明第三产业对线上销售的依赖。再次，交通运输业采用互联网销售和传统渠道的比例相同，均占三分之一（33.33%）。

表3-5	按行业划分的销售渠道类型分布			（单位:%）
	互联网	传统渠道	不清楚	合计
制造业	0.00	100.00	0.00	100.00
建筑业	0.00	100.00	0.00	100.00
批发和零售业	0.00	100.00	0.00	100.00
租赁和商务服务业	87.50	12.50	0.00	100.00
交通运输业	33.33	33.33	33.33	100.00
其他	0.00	100.00	0.00	100.00

图3-2为按照企业所有制性质划分的销售渠道类型分布。由图可知，在非国有控股企业，互联网渠道与传统渠道的营业额相同；而国有企业更倾向于选择传统渠道（60%）。这是由于在马来西亚国有

控股中资企业以从事建筑业、能源业、基建业等为主，所以传统销售渠道占据主流。

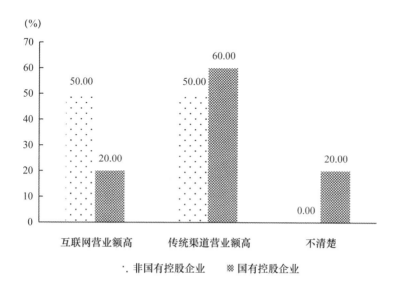

图 3 - 2　按企业所有制性质划分的销售渠道类型分布

第二节　市场竞争

本节主要从行业角度分析企业所感知的竞争压力来源和竞争激烈程度，并对 2013 年后不同行业企业对竞争状况变化等进行了分析。

一　企业竞争压力来源

分行业来看（参见图 3 - 3），感受到竞争压力最多的企业是交通运输业企业，占比高达 100%。其次，建筑业（83.87%）、批发和零售业（80%）以及租赁和商务服务业（77.78%）企业也感受到了较强的竞争压力。而制造业中仅有 25% 的企业感受到了较强的竞争压力。由此可见，除制造业之外，大部分中资企业感受到了较强的竞争压力。

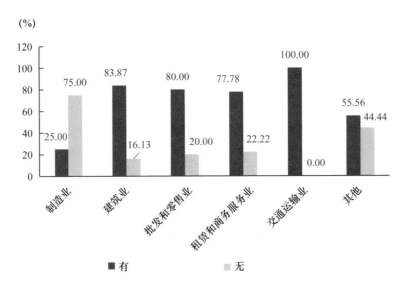

图 3 – 3　按行业划分的企业是否感受到较强的竞争压力分布

图 3 – 4 进一步描述了按行业划分的企业竞争压力主要来源。中资企业竞争压力主要来源分为马来西亚同行企业与外资同行企业。数据显示，制造业企业的竞争压力 100% 来自外资同行企业，可见马来西亚本土企业在制造业中已经完全丧失优势。其次，建筑业企业中有六成以上（65.38%）的竞争压力来源于外资同行企业。的确，在调查中发现，在马投资的中资建筑业企业数量庞大，且很多属于中国国有控股企业，资金实力雄厚，规模远大于马来西亚同行企业，这导致建筑行业中资企业竞争十分激烈，频频出现相互压价等不良市场现象。

此外，批发和零售业企业中也有 75% 的企业的竞争压力来自外资同行。而租赁和商务服务业企业来自外资同行（57.14%）的竞争压力略高于来自马来西亚同行（42.86%）的竞争压力，两者差异不显著。在交通运输业中来自马来西亚同行的压力最大（83.33%），这与马来西亚的投资行业限制有直接关系。总体而言，除从事交通运输业与其他行业的企业外，企业来自外资同行企业的竞争压力均大于马来西亚同行企业的竞争压力。

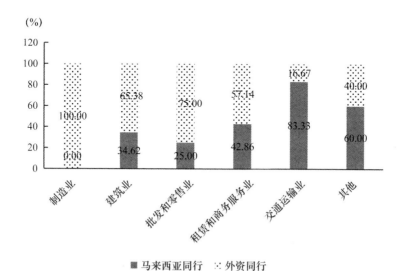

图3－4　按行业划分的企业竞争压力主要来源

　　图3－5反映了按照行业划分的是否遇到中国企业"相互拆台"状况。在调查中发现"相互拆台"的行为主要为压低价格，打价格战。该种行为是价格小于边际成本的定价行为。[①] 该现象在从事建筑业的企业中最多，接近七成（67.74%）的中资企业受访者表示遇到过中国企业"相互拆台"的状况。中资企业中从事建筑业的企业较多，在一定程度上导致了恶意竞争等现象。其次是批发和零售业，有六成（60%）、交通运输业有三分之一（33.33%）的企业遇到过中国企业"相互拆台"的状况。这几个行业"相互拆台"程度最为严重，不利于中资企业竞争的良性且可持续发展。

---

　　① 张维迎、马捷：《恶性竞争的产权基础》，《经济研究》1999 年第 6 期。

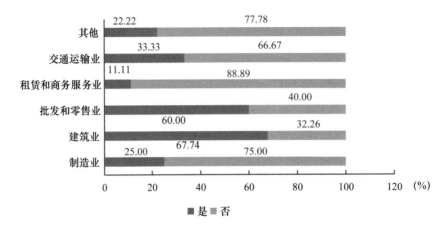

图 3 - 5　按行业划分的是否遇到中国企业"相互拆台"状况

二　企业竞争状况变化

图 3 - 6 反映了按照行业划分的 2013 年前后企业的竞争状况变化。我们发现，认为 2013 年前后企业之间"竞争更激烈"的行业主要集中在交通运输业（83.33%）和建筑业（77.42%）两大行业领域。租赁和商务服务业有 50%、批发和零售业有 44.44% 的企业认为"竞争更激烈"。

那么，近三年中资企业面临的竞争状况有没有改善呢？如图 3 - 7 所示，在 2013 年以来建筑业的竞争已非常激烈的状况下，近三年建筑业面临更为严峻的竞争形势。其中有七成（70.97%）的企业认为价格竞争更激烈，16.13% 的企业认为质量竞争更激烈。第二个感受到竞争加剧的行业是批发和零售业。其中有一半（50%）的企业认为价格竞争更激烈，同时有两成（20%）的企业认为质量竞争更激烈。租赁和商务业服务业企业中，认为质量竞争更激烈（33.33%）的企业和价格竞争更激烈（22.22%）的企业已经超过半数。75% 的制造业企业认为近三年来企业的竞争状况没有变化，这表明在马来西亚的中国制造业企业有一定的优势。中国是马来西亚 2018 年制

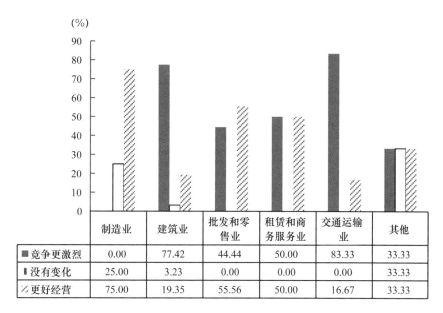

(%)	制造业	建筑业	批发和零售业	租赁和商务服务业	交通运输业	其他
■竞争更激烈	0.00	77.42	44.44	50.00	83.33	33.33
▮没有变化	25.00	3.23	0.00	0.00	0.00	33.33
▨更好经营	75.00	19.35	55.56	50.00	16.67	33.33

图3-6　按行业划分的2013年前后企业的竞争状况变化

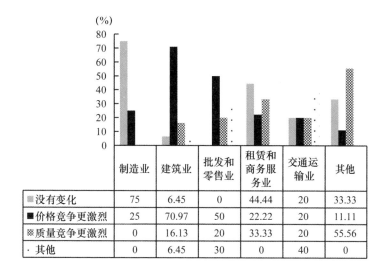

(%)	制造业	建筑业	批发和零售业	租赁和商务服务业	交通运输业	其他
▨没有变化	75	6.45	0	44.44	20	33.33
■价格竞争更激烈	25	70.97	50	22.22	20	11.11
※质量竞争更激烈	0	16.13	20	33.33	20	55.56
·其他	0	6.45	30	0	40	0

图3-7　按行业划分的近三年来企业的竞争状况变化

造业领域批准的最大外资来源地，投资额达 197 亿林吉特。①

总体而言，建筑业与批发和零售业面临的价格竞争更明显，租赁和商务服务业与交通运输业也面临一定的价格和质量竞争，绝大部分的制造业企业面临的竞争较小，有明显的竞争优势。

第三节　融资状况

在企业"走出去"的过程中，资本是企业的核心资源，雄厚的资本实力是企业立住脚的核心优势。② 随着我国企业对外投资及贸易规模逐年增加，中资企业的融资需求也不断增加，但配套的融资服务相对滞后，境外融资难成了制约境外中资企业发展的主要问题之一。本节主要分析马来西亚中资企业的股权状况、融资来源和贷款情况。

一　企业股权状况

图 3 - 8 反映的是企业股权占比的均值分布情况。企业股权主要包括中国国有控股、中国集体控股、中国私人控股、马来西亚私人控股、外国国有控股以及外国私人控股六种类型。中国国有控股企业在所调查样本中占比最多，其比例接近一半（47.63%）。其次是中国私人控股企业，占比接近四成（35.2%），再次是中国集体控股企业，占比一成以上（10.96%）。调查样本中，占比最少的中资企业股权为马来西亚私人控股类型。在所调查的样本中，没有外国国有控股和外国私人控股两种股权占比类型。中国私人控股占比也达到了近四成，这在一定程度上反映了马来西亚营商环境良好以及马来西亚政

---

① 中华人民共和国商务部：《对外投资合作国别（地区）指南（马来西亚 2019 年版）》，第 27 页。

② 杜健：《"一带一路"背景下企业走出去面临的融资困境和解决之道》，《国际商贸》2020 年第 3 期。

府对中国民营企业投资的欢迎。

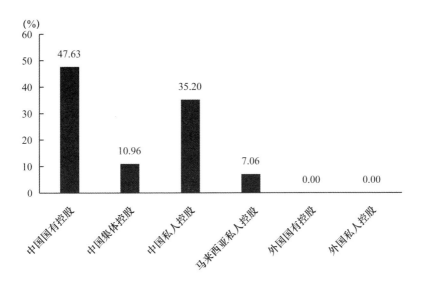

图 3 - 8　企业股权占比的均值分布

　　表 3 - 6 反映的是按照注册时间划分的企业股权变化状况。注册时间是指中资企业在马来西亚公司委员会（简称 SSM）或在线进行注册登记的时间。① 股权变化情况分为一直控股、一直不控股、一直没有马来西亚股东、以前控股以及一直没有他国股东。我们发现，注册时间长短对企业股权变化状况影响不大。具体而言，注册超过五年与低于五年的企业，中国股东一直控股的占比均超过 90%，分别为 97.3%、93.75%，仅有 4.41% 的马来西亚股东对中资企业一直控股以及 1.45% 的其他国家股东以前对中资企业控股。总体而言，无论注册时间长短，中国股东对中资企业控股情况较马来西亚股东以及其他国股东对中资企业的控股有着绝对优势。

---

　　① 　中华人民共和国商务部：《对外投资合作国别（地区）指南（马来西亚 2019 年版）》，第 48 页。

表 3 - 6   按注册时间划分的企业股权变化状况   （单位：%）

	中国股东股权变化		马来西亚股东股权变化			其他国家股东股权变化		
	一直控股	一直不控股	一直控股	一直不控股	一直没有马来西亚股东	以前控股	一直不控股	一直没有其他股东
注册超过五年	97.30	2.70	2.78	38.89	58.33	2.70	32.43	64.86
注册低于五年	93.75	6.25	6.25	43.75	50.00	0.00	37.50	62.50
总计	95.65	4.35	4.41	41.18	54.41	1.45	34.78	63.77

表 3 - 7 通过股东股权变化状况与有无中国母公司的交互来了解企业的股权变化状况。由表可知，无论有无中国母公司的企业，中国股东一直控股的比例最多，对股权占据绝对优势。有中国母公司的企业，中国股东一直控股的比例接近100%（98.25%）。无中国母公司的企业，中国股东一直控股的比例为83.33%。同时，马来西亚股东对无中国母公司的企业一直控股的比例接近两成（18.18%），而其他国家股东对无论是有无中国母公司的企业的控股都不具优势。所以，马来西亚中资企业主要由中国股东控股，马来西亚股东有所参与，其他国家股东基本不控股。

表 3 - 7   按有无中国母公司划分的企业股权变化状况   （单位：%）

	中国股东股权变化		马来西亚股东股权变化			其他国家股东股权变化		
	一直控股	一直不控股	一直控股	一直不控	一直没有马来西亚股东	以前控股	一直不控股	一直没有其他股东
有中国母公司	98.25	1.75	1.75	43.86	54.39	1.75	36.84	61.40
无中国母公司	83.33	16.67	18.18	27.27	54.55	0.00	25.00	75.00
总计	95.65	4.35	4.41	41.18	54.41	1.45	34.78	63.77

二 企业融资状况

图 3 - 9 展示了企业 2018 年的融资来源。融资来源包括"中国国内母公司拨款"、"中国国内银行、正规金融机构贷款"、"马来西亚国内银行、正规金融机构贷款"、"赊购和商业信用"、"社会组织贷款"、"亲戚朋友借款"以及"其他"渠道,各个渠道所占的比例以百分比估算。调查数据显示,接近六成(57.35%)企业的融资来自"中国国内母公司拨款",22.06%的企业融资来自"中国国内银行、正规金融机构贷款",14.71%的企业融资来自"马来西亚国内银行、正规金融机构贷款",另外还有极少数(2.99%)的企业融资来源于"亲戚朋友借款"。所以,在马中资企业融资主要来自中国国内母公司拨款以及银行贷款,这也反映出马来西亚子公司的融资渠道单一,主要依赖国内母公司的资金支持。

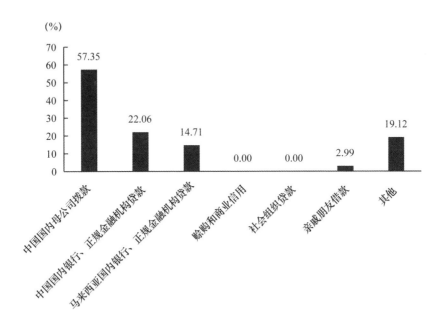

图 3 - 9　2018 年企业融资来源分布

　　表 3 - 8 描述了按照企业所有制性质划分的 2018 年企业融资来源状况。首先，国有控股企业与非国有控股企业获得来自"国内母公司拨款"的占比均接近六成，分别为 57.58%、57.14%。其次，就来自"中国国内银行、正规金融机构贷款"融资渠道的比例而言，国有控股企业（30.3%）高于非国有控股企业（14.29%）16.01 个百分点。就来自"马来西亚国内银行、正规金融机构贷款"融资渠道的比例而言，国有控股企业中有两成以上（21.21%）企业的融资来源于该渠道，非国有控股企业中仅有 8.57% 的企业获得来自该渠道的融资。此外，两类企业均未采用"赊购和商业信用"和"社会组织贷款"，而仅有少数（5.88%）非国有控股企业通过"亲戚朋友借款"进行融资。

表 3 - 8　　　　按企业所有制性质划分的 2018 年企业融资来源状况　　　（单位:%）

	国有控股企业		非国有控股企业	
	是	否	是	否
中国国内母公司拨款	57.58	42.42	57.14	42.86
中国国内银行、正规金融机构贷款	30.30	69.70	14.29	85.71
马来西亚国内银行、正规金融机构贷款	21.21	78.79	8.57	91.43
赊购和商业信用	0	100.00	0	100.00
社会组织贷款	0	100.00	0	100.00
亲戚朋友借款	0	100.00	5.88	94.12
其他	15.15	84.85	22.86	77.14

　　由此可见，在马中资企业除了中国国内母公司拨款之外，主要通过国内的金融机构贷款进行融资。或许在一定程度上反映出企业获得马来西亚银行机构的贷款相比于从中国国内银行贷款困难。这与企业在外信誉不高，其在银行的信用评级较低，在一定程度上影响了企业

融资保证能力有关。就获得银行机构的贷款比例而言，国有控股企业的比例高于非国有控股。这是由于银行等金融机构风险控制的需要，大多信贷审批较为严格且信贷审批流程较长，国有控股企业的规模大、信誉度高且担保能力更强。

图 3 – 10 反映了企业获得当地银行机构贷款的重要因素分布。这些因素主要涉及"公司资产和规模、实力强"、"与银行沟通好"、"当地政府帮助"、"中资企业商会给力"、"地方供应商和零售商的推荐"、"支付特殊费用"以及"其他原因"。

在调查样本中，企业获得当地银行机构贷款的重要因素前两项分别是"与银行沟通好"（88.89%）、"公司资产和规模、实力强"（77.78%）。这表明与银行保持良好的沟通以及企业自身实力对获得当地银行的贷款十分重要。此外，值得注意的是，"其他原因"占比高达55.56%，这对获得马来西亚金融机构贷款的重要性应予以关注。

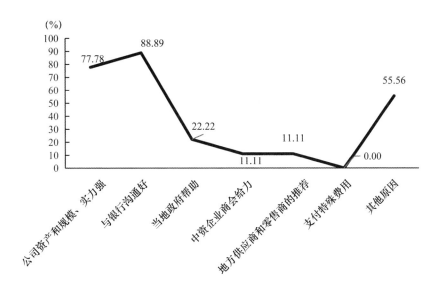

图3 – 10　企业获得当地银行机构贷款的重要因素分布

图 3 - 11 进一步显示了中资企业未申请贷款的原因。首先，"没有贷款需求"的企业占比最高，接近九成（84.75%）。有近八成（79.66%）的企业认为"申请程序复杂"。认为"银行利率过高"的企业占比接近三成（28.81%）。其次，因为"公司资产、规模、实力不够"（22.03%）、"担保要求过高"（20.34%）以及"缺乏贷款信息"（16.95%）而未贷款的企业分别占比两成左右。另外，还有少数（5.08%）的企业因"需要特殊支付且难以支付"的原因而未申请贷款。由此可知，"申请程序复杂"是有贷款需求企业最大的妨碍因素。

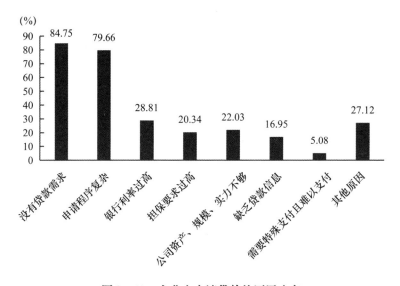

图 3 - 11　企业未申请贷款的原因分布

图 3 - 12 和图 3 - 13 呈现的是在马来西亚当地融资获得难度妨碍企业生产经营的程度分布。有近一半（46.88%）的非国有控股企业认为"妨碍较大"和"有一定程度的妨碍"，这一比例是国有控股企业的两倍。在国有控股企业中，认为"妨碍较大"的占比为21.88%。这表明企业存在融资困难，但是非国有控股企业获得融资

的难度更大，建议融资利好政策进一步向非国有控股企业倾斜。

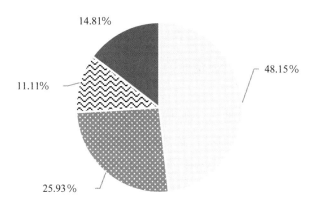

图 3 - 12　当地融资获得难度妨碍国有控股企业生产经营的程度分布

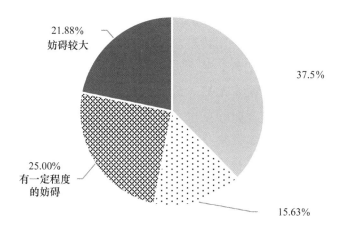

图 3 - 13　当地融资获得难度妨碍非国有控股企业生产经营的程度分布

小　结

本章通过考察在马中资企业的生产经营与市场竞争，有如下几点主要发现。

首先，中资企业营业和开工状况良好，企业主营产品的销售市场以马来西亚为主，但八成以上企业属于市场份额不到1/10的小规模企业。这反映了在马中资企业在马来西亚面临的市场竞争较为激烈，需要进一步增强自身实力，扩大市场份额。

其次，在马中资企业以原始品牌制造商为主，超过六成的企业根据市场情况来定价。企业整体销售渠道以传统渠道为主，且约六成的国有企业更倾向于选择传统渠道。在2020年全球新冠肺炎疫情暴发之后，消费者更倾向于选择线上服务，企业应结合行业特征，积极进行销售渠道电子化、数字化转型以应对社会风险。

再次，除制造业之外，大部分中资企业感受到了较强的竞争压力，建筑业和交通运输业尤甚。近三年建筑业面临更为严峻的竞争形势，特别是来自价格方面的竞争。事实上，短短几年中大量建筑业中资企业涌入自身市场体量狭小的马来西亚，使得市场竞争日趋饱和，便出现企业之间"相互拆台"、压低价格等恶性竞争。面对日益严酷的市场竞争，中资企业需要提升合规经营能力，合力营造可持续生态体系。

最后，在马中资企业的融资渠道单一，主要依赖国内母公司的资金支持，此外是依靠国内的金融机构贷款来进行融资，而企业获得当地银行机构贷款的占比较低。同时，有近一半的非国有控股企业认为在马来西亚当地融资难度阻碍了企业的经营与发展，其占比是国有控股企业的两倍。这表明非国有控股企业获得融资的难度更大，建议融资利好政策进一步向非国有控股企业倾斜。

第 四 章

营商环境和投资风险

由于马来西亚投资法律体系完备、与国际通行标准接轨、各行业操作流程较为规范，临近马六甲海峡，辐射东盟、印度、中东市场等独特的地缘优势，加之近年来马来西亚政府一直致力于改善投资环境、完善投资法律、加强投资激励，吸引了包括中国企业在内的各国企业赴马来西亚投资经营。世界银行《2019 年全球营商环境报告》显示，马来西亚营商环境在全球 190 个经济体中排名第 15 位，在东盟地区仅次于新加坡。[①] 我国对马来西亚投资保持高速增长，投资领域更趋多元化。除制造业，还涵盖新能源、电力、石油化工、轨道交通、港口、农渔业、金融等多个领域。因此，对马来西亚营商环境和投资风险的研究具有重要意义。

凭借资金、技术、管理经验方面的优势，国有控股企业，特别是大型央企在马来西亚的直接投资中起到先行者和主力军的作用，尤其是在前期中国大量进行 ODI 的能源和基础设施等长周期、重资本行业，央企的资金、技术优势更为突出。但这个状况正在发生变化，越来越多的非国有控股企业利用其特有的灵活性和高效率加快对外投资，其在马来西亚的直接投资项目数量中所占份额持续上升。因此，本章主要考察马来西亚营商环境和投资风险，从不同行业、不同所有

---

① 中华人民共和国商务部：《对外投资合作国别（地区）指南（马来西亚 2019 年版）》，第 1 页。

制性质的企业所感受到的投资便利性和投资风险角度进行具体分析。第一节分析了马来西亚基础设施供给。调研主要涉及如水、电、网、建筑等基础设施的供给以及申请过程中的成本风险。第二节对马来西亚的公共服务供给情况进行调查，包含税务机构检查、进出口许可申请等方面的情况。第三节对在马来西亚未来投资的风险进行分析，调研主要涉及企业未来投资风险、马来西亚未来政治风险、中马关系走向等。

第一节　基础设施供给

本节从中资企业的视角考察马来西亚的基础设施供给情况。包括中资企业水、电、网、建筑申请比例，发生断水、断电、断网的情况，以及企业提交水、电、网、建筑申请时非正规支付比例。通过这些数据，我们可以直观看出马来西亚基础设施的完善程度。

一　基础设施服务项目申请状况

用水、用电与连接互联网、建筑用地是企业运行必不可少的基础条件。通过考察东道国断水、断电、断网、建筑用地申请状况的频率可以反映东道国基础设施供给情况，有助于了解马来西亚的营商环境和企业的潜在成本风险。马来西亚有完善的水、电、网供给体制。工业/商业用水量在 70 立方米以下，价格为每立方米 1.6 林吉特/立方米（合 0.4 美元）；超过 70 立方米，价格为 2 林吉特/立方米（合 0.5 美元）。① 整体来看，马来西亚水、电等供应充足，成本较低。但另一方面，由于经济发展情况和地域位置不同，马来西亚土地价格差

① 中华人民共和国商务部：《对外投资合作国别（地区）指南（马来西亚 2019 年版）》，第 31 页。

异较大。经济比较发达的槟城工业用地每平方英尺①为 18—65 林吉特（合 5.6—20.8 美元），雪兰莪每平方英尺为 8.5—70 林吉特（合 2.7—22 美元），柔佛每平方英尺为 8—38 林吉特（合 2.5—12.2 美元），经济欠发达的登嘉楼每平方英尺为 2—60 林吉特（合 0.6—19.2 美元）。另外，每年还要加收数额不等的土地税和产业税。②

调查数据显示，工业企业在提交水、电、网、建筑申请比例上都远远大于服务业行业的企业（参见表 4 - 1）。从工业行业来看，五成以上的企业提交了用水申请，用电、网、建筑申请比例分别达到了七成以上、八成以上和六成以上。从服务业来看，企业用水和用电申请比例较为接近，分别为 24.24% 和 27.27%，网络申请比例相对较高，达到五成以上（51.52%），而建筑使用申请不到一成（6.06%），这与服务业性质有关，大部分服务业企业规模小且位于商业区，往往房屋门店采用租赁门店或者写字楼。从上述数据看出，工业企业对于水、电、网和建筑的需求程度较高。服务业企业只有网络需求程度较高，其他比例比较低。

表 4 - 1　　　按行业划分的企业提交水、电、网、建筑申请比例　　（单位：%）

	水		电		网络		建筑	
	是	否	是	否	是	否	是	否
工业	51.43	48.57	72.22	27.78	82.86	17.14	61.11	38.89
服务业	24.24	75.76	27.27	72.73	51.52	48.48	6.06	93.94

从表 4 - 2 中可以看出，不论是工业企业还是服务业企业遇到断水的情况都很少，占比均不到一成（5.71%、3.03%），这对用水需求较高的企业影响较小。从断电情况方面来看，工业企业和服务业企

①　1 平方英尺 = 0.09290304 平方米。
②　中华人民共和国商务部：《对外投资合作国别（地区）指南（马来西亚 2019 年版）》，第 33—34 页。

业情况类似，都有将近两成，但比例也相对较小。从断网情况来看，工业企业往往位于偏远市区，通信互联网条件较差，所以工业企业遇到的断网情况稍比服务业企业严重，但比例均较低。

表 4 - 2　　　　　按行业划分的企业发生断水、断电、断网情况　　（单位：%）

	断水		断电		断网	
	是	否	是	否	是	否
工业	5.71	94.29	20.00	80.00	14.29	85.71
服务业	3.03	96.97	18.18	81.82	6.06	93.94

整体来说，马来西亚在东南亚各国中属于基础设施相对完善、营商环境相对较好的国家之一，具备完善的基础设施条件才能够最大限度地服务企业，企业也能更加便捷地使用当地资源，从而使政府与企业互惠互利，实现双赢。

二　基础设施服务项目申请中遇到的问题

非正规支付是指企业在马来西亚经营，在提交水、电、网、建筑申请等基础设施申请时，需要向当地机关、部门或者个人支付额外的费用，在一定程度上可反映马来西亚政府机关部门的廉洁程度，也可反映马来西亚营商环境的规范程度。

在表 4 - 3 中，从行业角度来看，工业企业在提交水、电、建筑申请时需要支付非正规费用皆占到了三成以上（33.33%、33.33%、31.82%），而用网申请时支付非正规费用的比例小得多，只有3.57%；服务业企业在提交建筑相关申请时，必须支付非正规费用，其次是用电申请和用水申请，分别占到22.22%和14.29%，而在申请用网时，不需要支付任何非正规费用。

从生产要素来看，工业企业在提交用水、用电申请时的非正规支付比例要高于服务业企业。在建筑申请上，服务业企业全部需要支付非正规费用，而工业企业只占三成（31.82%），在用网申请上，服务业企业无须支付非正规费用，而该比例在工业企业也仅占 3.57%。

表 4 - 3 按行业划分的企业提交水、电、网、
建筑申请时支付非正规费用比例 （单位：%）

	水		电		网		建筑	
	是	否	是	否	是	否	是	否
工业	33.33	66.67	33.33	66.67	3.57	96.43	31.82	68.18
服务业	14.29	85.71	22.22	77.78	0.00	100.00	100.00	0.00

总的来说，马来西亚的基础设施供给相对较为完善规范，但也存在缺陷。在所调查的样本中，从事服务业的企业提交建筑申请时，如写字楼、店面租用等方面均需支付非正规费用。企业在提交网络申请时，基本不需要支付非正规费用，该现象可能与马来西亚电信行业发展有关。马来西亚电信供应商较多，且各有优势。企业在网络申请上较为便利。目前马来西亚有 5 家电信运营商：Celcom、Maxis、DiGi、UMobile 和 Unifi。这 5 家运营商各有优势，且都为 4G 网络。此外，在道路基础设施建设方面也呈现利好企业的局面。马来西亚半岛除拥有良好的高速公路网外，还启动了一项连通吉隆坡—曼谷—吉隆坡的交通运输服务（被称为"东盟铁路运输"），未来准备打造一条连接新加坡、马来西亚、柬埔寨、老挝和缅甸并止于中国昆明的亚洲铁路连接线。马来西亚的港口也实现了快速发展，巴生港和丹戎帕拉帕斯港位列全球前 20 名集装箱港口。未来马来西亚的基础设施互联互通将大为改善。

第二节 公共服务供给

马来西亚政府承诺维护商业环境并促使企业成长和盈利，是吸引投资者进入马来西亚的主要因素。马来西亚实行投资自由政策，自

2003 年起，外国投资者不论出口规模大小，均可 100% 持有新项目投资，或 100% 持有现有公司扩张或多样化经营项目的投资权益。① 本小节从中资企业的视角，考察了马来西亚的公共服务供给情况。内容包括中资企业 2018 年接受税务机构检查相关的非正规支付比例以及企业提交进出口许可申请与相关的非正规支付比例；其次按城市类别划分的企业 2018 年承接马来西亚政府项目比例；最后按照企业股权性质分别讨论了国有企业和非国有企业对妨碍企业生产经营的因素评价。

一 公共服务办理中遇到的问题

马来西亚联邦政府和各州政府实行分税制。联邦财政部统一管理全国税务，负责制定税收政策，由其下属的内陆税务局（征收直接税）和皇家关税局（征收间接税）负责实施。直接税包括所得税和石油税等；间接税包括国产税、关税和进出口税、销售税、服务税和印花税等。各州政府征收土地税、矿产税、森林税、执照税、娱乐税和酒店税、门牌税等。外国公司和外国人与马来西亚企业和公民同等纳税。公司税率为 24%，马来西亚公民税率为 1%—28%，外国公民的税率固定为 28%。② 大多数进口货物需缴纳进口税，税率分从价税率和从量税率。近几年马来西亚已取消了多种原料、机械与零部件的进口税。马来西亚与东盟国家之间实行特惠关税，工业产品的进口税率为 0—5%；与中国和韩国实行中国—东盟自贸区以及韩国—东盟自贸区的区域自由贸易协定框架下的进口税。

表 4-4 从行业性质和企业股权性质两个维度，讨论 2018 年当地税务机构检查企业的情况以及企业应对税务机构的非正规支付情况。

---

① 马伟、余菁、谭丽君、李晓辉：《马来西亚投资环境与税制介绍》，《国际税收》2019 年第 8 期。

② 中华人民共和国商务部：《对外投资合作国别（地区）指南（马来西亚 2019 年版）》，第 42 页。

从行业来看，工业企业相对于服务业企业接受税务机构走访或检查的比例略低，工业企业占比 38.89%，服务业企业占比 45.45%，但工业企业无须在检查中支付非正规费用，服务业企业有少部分需要支付非正规费用，可能与企业所属性质有关。从企业股权性质来看，国有控股企业有一半以上（51.52%）企业接受过税务机构走访或检查，非国有控股企业仅有三成（33.33%）；而在检查中非正规支付的比例来看，非国有控股企业比例为零，而少数国有控股企业需要支付非正规费用。

总的来看，马来西亚税务机制较为完善，有严格的税务走访或检查制度。严格且正规的税收制度有利于营造规范的营商环境。而在税务机构检查中，企业的非正规支付比例较小，这也从侧面反映出马来西亚公共服务系统完善，在税务管理方面较为透明。

表 4 - 4　　　　　2018 年接受税务机构检查与非正规支付比例　　（单位：%）

	接受税务机构走访或检查		检查中的非正规支付	
	是	否	是	否
工业	38.89	61.11	0.00	100.00
服务业	45.45	54.55	6.67	93.33
国有控股	51.52	48.48	5.88	94.12
非国有控股	33.33	66.67	0.00	100.00

因企业生产经营所需要素的多样化，单一国家所能提供的生产要素往往难以满足企业的需求，企业便需要从国外进口原材料并向国外出口产品。根据马来西亚相关法律规定，企业需要向海关提交进出口许可申请。表 4 - 5 给出了 2016—2018 年中资企业提交进出口许可申请以及进出口许可申请中的非正规支付情况。从行业来看，服务业行业提交进出口许可申请的比例相对于工业要高，且有一定的非正规支付现象。工业企业中提交进口许可申请超过两成（22.86%），但未出现进口许可申请中的非正规支付现象。从企业股权性质来看，国有

控股企业提交进出口许可申请占两成以上（21.88%），而非国有控股企业占接将近四成（38.89%）。国有控股企业未出现过进出口许可申请中的非正规支付现象。

表4-5 2016—2018年企业提交进出口许可申请与非正规支付比例（单位：%）

	提交进出口许可申请		进出口许可申请中的非正规支付	
	是	否	是	否
工业	22.86	77.14	0.00	100.00
服务业	39.39	60.61	8.33	91.67
国有控股	21.88	78.13	0.00	100.00
非国有控股	38.89	61.11	8.33	91.67

二　企业承接政府项目状况

在东盟国家中，马来西亚基础设施相对完善，同时政府近年来的基础建设规划也为外商投资基础建设和开展工程承包提供了契机。中国在马承包工程项目范围已覆盖东西马全境，在通信、地铁、公路、电站、石化等重要领域均有所进展。中马两国间合作的大型基础设施项目多数以"政府对政府"的形式得到确认，项目也多由中国国有企业主要负责实施。其中，中国企业境外在建的最大工程、由中国交通建设集团承建的马来西亚东海岸铁路（ECRL）成为最具代表性的中马两国合作项目之一；中马合作的马六甲临海工业园，以及多家中资企业承建的"马六甲皇京港"等政府项目也正在推进中。

在受访企业中，有近三成（27.54%）的企业在2018年承接过马来西亚政府的项目。如图4-1中，按城市类型划分，这近三成的企业承接的马来西亚政府项目将近八成（78.95%）位于首都城市吉隆坡，其他商业城市占到15.79%，非城市地区占到5.26%。这说明，一方面马来西亚首都城市发展较快，经济发展较好，而其他城市或地区相对落后，地区发展差异较大；另一方面中资企业大部分集中于吉隆坡，过分倚重首都城市的辐射带动作用。

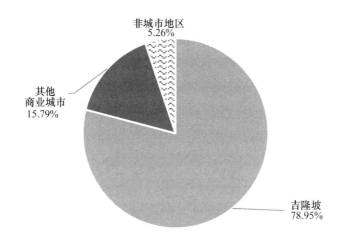

图 4-1　按城市类别划分的企业 2018 年承接马来西亚政府项目比例

三　妨碍企业生产经营的因素

由于国有控股企业与非国有控股企业在资金、体量、投资行业等方面具有显著差异，因此我们分不同的企业性质来分析妨碍企业生产经营的因素。

图 4-2 给出了国有控股企业管理者对妨碍企业生产经营的因素评价。受访者认为对企业生产经营有明显妨碍的前三项分别是政府管制与审批（42.43%）、政治不稳定（30.31%）和税率（24.25%）。马来西亚的中资国有企业以基建、银行、能源、电信等高端产业为主，马来西亚政府对于其准入门槛以及日常监管都较为严格。值得一提的是马来西亚的政治不稳定因素对中资投资者信心的影响。政治不稳定这一因素占比高达三成，其原因与管理者们刚刚经历了 2018 年 5 月马来西亚大选"变天"导致部分项目被清算的直接感受密切相关。政局动荡使中资企业在马发展面临较大不稳定性，但从长期来看，保持良好双边关系符合马来西亚灵活务实的外交原则，也符合两国共谋发展的共同愿望，这样的原则和脉络经得起马来西亚政权

更迭的考验。[①] 税率占比高达 24.25% 也反映出投资者希望通过降低税负来保障原本就被摊薄的利润。

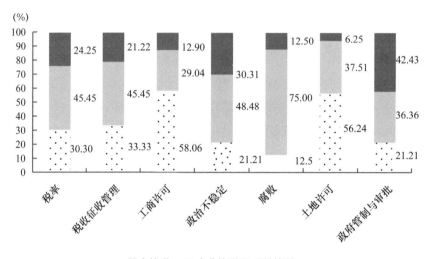

图 4 - 2 国有控股企业管理者对妨碍企业生产经营的因素评价

非国有企业中主导的投资也在非战略性行业中广泛分布，其中也不乏浙江吉利控股集团收购马来西亚多元重工集团所持有的马来西亚第一国产车品牌——宝腾，以及阿里巴巴集团这样的大企业。

图 4 - 3 是非国有控股企业管理者对妨碍企业生产经营的因素评价。与国有控股企业类似，政府管制与审批（35.29%）、政治不稳定（28.57%）和税率（19.45%）是受访者认为对于企业生产经营有明显妨碍的前三项。值得注意的是，在非国有控股企业中，认为"腐败"对企业生产经营有明显妨碍的占比高达 20%，高于国有企业 7.5 个百分点。这表明非国有控股企业以民营中小型企业为主，往往涉及餐饮、制造、外贸等行业，体量较小，资金不如国有企业充裕，

① 张森：《马来西亚大选后的经济形势及对我国在马投资的影响》，《亚太安全与海洋研究》2018 年第 6 期。

因此在工商许可、经营销售等环节中遭遇"腐败"问题。

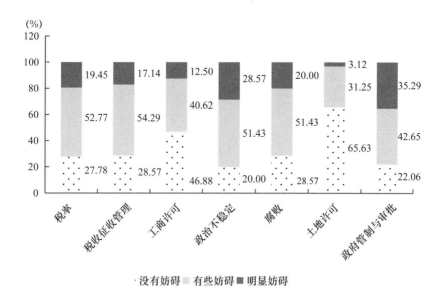

图 4 - 3　非国有控股企业管理者对妨碍企业生产经营的因素评价

第三节　投资风险

一直以来，马来西亚以其良好的投资环境著称。马来西亚不仅拥有大量年轻、受过良好教育和培训的劳动力资源，而且国家的法律及会计体系源自英国体系，英语在马来西亚被广泛使用。作为政府部门以外的补充协助，马来西亚有很多商会和行业协会，各类行业协会为新投资者提供商业资讯、商业建议和商业协助。根据科尔尼全球城市营商环境指数，马来西亚被评为全球范围内适合外包服务的国家第三名，仅次于印度和中国。①

——————————

① 马伟、余菁、谭丽君、李晓辉：《马来西亚投资环境与税制介绍》，《国际税收》2019 年第 8 期。

中马之间的经济合作表现良好，中国已连续 10 年是马来西亚最大的贸易伙伴国，过去两年（2018—2019 年）中国也是马来西亚制造业最大的投资国。据马来西亚统计局公布的数据显示，2018 年，马来西亚和中国的双边货物贸易额为 3138.3 亿林吉特，同比增长 8%。据中国海关统计，2018 年，中马双边贸易额达 1086.2 亿美元，同比增长 13%，中国对马出口额为 454 亿美元，同比增长 8.9%，自马进口额为 632.2 亿美元，同比增长 16.2%。① 另外，对中国而言，中资企业还可以将马来西亚作为基地，通过管理、控制和协调服务等关键职能，开展区域和全球业务。

本节首先分析企业投资马来西亚时的可行性考察状况及类型；其次分析管理者对 2018 年马来西亚政治环境的评价分布、对中国与马来西亚关系的评价分布、当地居民和政府对于中国企业在马投资的评价分布；最后分析投资马来的原因以及预期企业未来一年经营风险来源分布。

一 前期可行性考察状况

表 4-6 给出了中资企业投资马来西亚时的可行性考察状况。从企业运营时间来看，企业运营时间超过 5 年的，即 2014 年之前进驻马来西亚的企业对马来西亚营商环境的可行性考察有八成（80%），而运营时间低于 5 年的企业对于马来西亚营商环境考察达到了九成以上（90.32%），说明了目前随着中资企业国际化程度提高，企业经营的风险意识逐步提高。从行业角度来看，工业企业中有 94.44% 的企业进行过可行性考察，而服务业企业有 84.38% 进行过考察，低于工业企业。这可能与工业投入资金较大、选址建厂等有关。从控股情况来看，国有控股企业在投资马来西亚时可行性考察达到了 96.97%，而非国有控股企业仅仅为 82.86%。这一方面说明国有控

① 中国商务部：《对外投资合作国别（地区）指南（马来西亚 2019 年版）》，第 27 页。

股企业对于海外投资较为慎重，另一方面说明国有控股企业部门齐全、制度完善。而非国有控股企业往往资金薄弱、体量小，且投资后易于周转回旋，故其可行性考察比例较低。

表 4 – 6　　　　　　企业投资马来西亚时的可行性考察状况　　　　（单位：%）

	有可行性考察	无可行性考察
运营超过 5 年	80.00	20.00
运营低于 5 年	90.32	9.68
工业	94.44	5.56
服务业	84.38	15.63
国有控股	96.97	3.03
非国有控股	82.86	17.14

图 4 – 4 给出了按行业划分的中资企业投资马来西亚时可行性考察类型分布。对于市场竞争调查，九成以上（94.12%）工业企业进行过考察，而服务业企业占七成以上（74.07%）。对于马来西亚外国直接投资法律法规，88.24% 的工业企业进行过考察，而服务业企业进行过考察的为 66.67%。对于马来西亚宗教、文化与生活习惯，将近八成（79.41%）的工业企业进行过考察，而服务业企业占比不到六成（59.26%）。对于马来西亚劳动力素质，76.47% 的工业企业进行过考察，而 55.56% 的服务业企业进行过考察。而其他方面，服务业企业（14.81%）进行过可行性考察的比例远大于工业企业（5.88%）。

总体来看，工业企业的可行性考察比例远远超过服务业企业。这与二者不同的性质有关。工业企业以轻工业和重工业为主，两种类型的工业企业因投资金额较大、投资回报周期长，故对于以上方面的考察类型都更为谨慎。

图 4 – 5 给出了按企业性质划分的中资企业投资马来西亚时可行性考察类型分布，比较对象为国有控股企业和非国有控股企业。从市

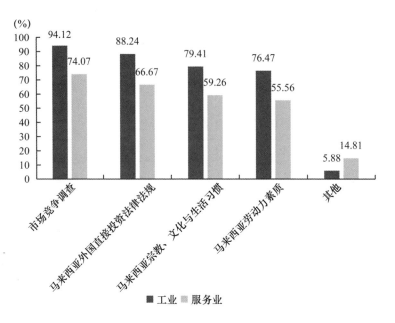

图4-4 按行业划分的可行性考察类型分布

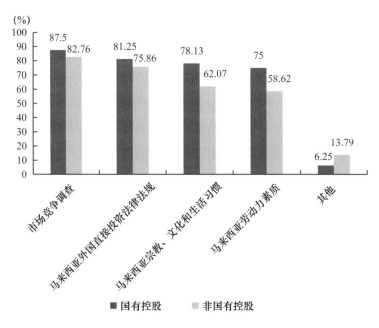

图4-5 按企业性质划分的可行性考察类型分布

场竞争调查来看，国有控股企业和非国有控股企业考察的比例相差不大，分别达到87.5%和82.76%，比例均较高。在马来西亚外国直接投资法律法规考察方面，国有控股企业和非国有控股企业比例差异较小，分别占到81.25%和75.86%。马来西亚宗教、文化和生活习惯的考察方面，将近八成（78.13%）的国有控股企业会进行考察，而非国有控股企业仅占62.07%。对于马来西亚劳动力素质，75%的国有控股企业进行过考察，而非国有控股企业占比将近六成（58.62%）。在其他方面的考察，国有控股企业占比（6.25%）低于非国有控股企业（13.79%）。

从数据上来看，国有控股企业对于可行性考察的意识高于非国有控股企业，说明国有控股企业的风险意识以及投资可行性管理较为规范，但非国有控股企业比例总体上都过半，说明非国有控股企业近些年投资意识也有所提高。

二 投资环境评价

东南亚许多国家长期政权变动频繁、社会动荡、民族宗教问题突出、受恐怖主义严重威胁，相对而言马来西亚的政治风险较低，但也存在一定程度的政治风险，包括逐渐激烈的党派之争、美国对马来西亚的影响、与邻国的领土争端、毒品等社会治安问题以及内部的排华情绪等。2020年2月，马哈蒂尔向马来西亚最高元首递交了辞呈，宣布辞职所引发的"二月危机"可见一斑。

图4-6给出了受访企业管理者对于2018年马来西亚政治环境的评价分布。受访者认为马来西亚政治环境"稳定，投资风险较小"和"比较稳定""不好说，存在不稳定的风险"占比14.49的占比超过65.22%；而认为"不稳定，有党派争斗，要比较小心"，中比15.94%以及政治环境中"党派争斗比较激烈，经常有冲突发生"的占比4.35%。这表明尽管马来西亚近年政权斗争非常激烈，但大多数中资企业管理者对在马投资的政治风险持相对乐观的态度。

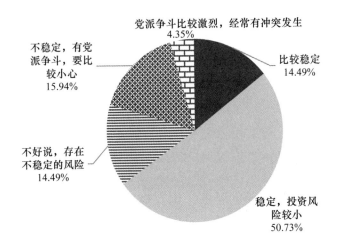

图 4 - 6　受访企业管理者对 2018 年马来西亚政治环境的评价分布

　　"一带一路"倡议无疑为深化中马全面战略伙伴关系、加强经贸联系、中国对马投资提供了重要契机。从调查数据来看（见图 4 - 7），绝大多数（85.51%）的管理者对于中国与马来西亚未来关系比较乐观，有 8.7% 的管理者对于双边未来关系非常有信心，仅仅 1.44% 的管理者对于未来双边关系比较悲观。

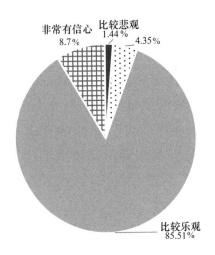

图 4 - 7　受访企业管理者对中国与马来西亚关系的态度分布

　　图4-8给出了企业管理者认为当地居民和政府对于中国企业
在马投资的态度分布。首先，无论是国有控股企业还是非国有控股
企业，绝大多数企业管理者认为当地居民和政府对中资企业在马投
资持欢迎态度。但我们发现，在当地政府态度上对于国有控股企业
更为乐观，认为持欢迎态度的占比高达90.91%，高于非国有控股
企业占比7.58个百分点。而在当地居民态度上，企业管理者认为
当地居民对非国有控股中资企业在马投资持欢迎的态度占比为
77.78%，高于国有企业占比21.54个百分点。其原因是国有控股
企业更多与马来政府部门打交道，而非国有控股企业以服务业、制
造业为主，与民间社会接触较多，更多地为当地社会居民提供就业
以及生活上的便利服务。

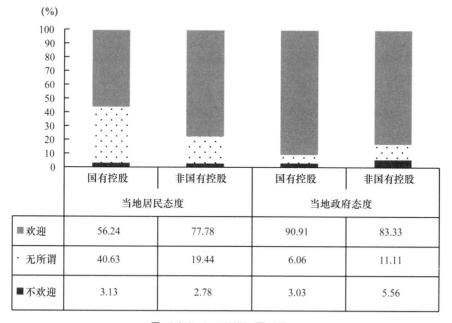

图4-8 企业管理者认为当地居民和政府对于中国企业在马投资的态度分布

从图 4 - 9 可以看出，在中资企业选择投资马来西亚的原因之中，"当地货运/企业运营成本不高"位居榜首，占比达 100%。其次是"当地有较大的市场潜力"，占比也高达七成以上（73.91%）。而因为当地易于吸收中国直接投资、当地地理位置有优势、劳动力成本比较低廉、当地政府政策支持等，这些原因都占到外资在马来西亚投资原因的三成左右。从中可见，投资者对马来西亚市场比较乐观，认为在马运营成本较低。

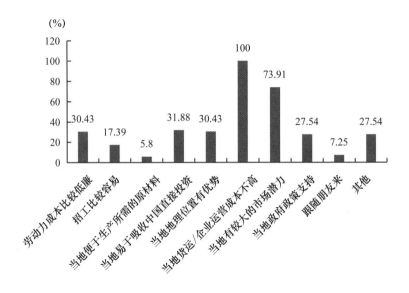

图 4 - 9　企业投资马来西亚的原因分布

的确，马来西亚一贯实施鼓励和积极吸引外国投资的经济政策，同时设置有针对外国投资者的多种激励政策，且不限制资本和利润的汇回。公司税为 17%—24%，相对较低；销售服务税（SST）从 5% 到 10% 不等；政府不征收资本利得税（除了出售不动产和房地产股份的收益）、股息税、财产税和遗产税。截至 2019 年 7 月 18 日，国际评级机构惠誉对马来西亚主权信用评级为 A－，展望为稳定。截至 2018 年 6 月 19 日，国际评级机构标准普尔对马来西亚主权信用评级为 A - /A - 2，展望为稳定。[①] 2019 年 12 月 14 日，马来西亚能源、科技、气候变化与环境部长杨美盈表示，马来西亚政府为中国企业设立了投资特别渠道，这也是马来西亚政府所设立的唯一一个针对特定国家或地区企业的投资特别渠道，更有利于中资企业投资便利化。另外，马来西亚优越的地理位置，使之成为世界一流的海运和航运交通枢纽。马来西亚公司注册可以借助发达的陆、海、空运输渠道，将商业优势辐射至东南亚乃至全世界，使得企业投资马来西亚货运成本降低。我们看到，越来越多的中资企业将马来西亚作为其亚太总部，比如著名的华为科技有限公司和中国中铁集团。

三 未来经营风险评价

在中马两国关系总体向好、两国经贸合作日益紧密的背景下，越来越多的中资企业赴马投资。但如果投资前企业缺乏对马来西亚国内的政治生态、经济政策和族群情况的必要了解，难免会出现政策协调不周全、投资对接不到位的情况，进而造成投资经营损失。

表 4 - 7 给出了从行业性质分类和股权性质分类两个维度的中资企业管理者预期企业未来一年经营风险来源分布。从行业来看，工业企业对于员工工资增长、政策限制加强、政治环境变化等风险的担心大于服务业企业；而服务业更担心研发后劲不足、优惠政策效用降低或到期、产品或服务在国际上无话语权的风险。从股权性质来看，国有控股企业对于员工工资增长、市场竞争上升、研发后劲不足、政治环境变化、产品或服务在国际上无话语权等风险的担心大于非国有控股企业；而非国有控股企业更担心原材料获取难度的增加、优惠政策效用降低或到期以及未来中资企业增多的风险。

---

① 中华人民共和国商务部：《对外投资合作国别（地区）指南（马来西亚 2019 年版）》，第 16 页。

表4-7　　　　企业管理者预期企业未来一年经营风险来源分布　　（单位：%）

	员工工资增长	市场竞争上升	原材料获取难度增加	研发后劲不足	政策限制加强	优惠政策效用降低或到期	政治环境变化	中资企业增多	产品或服务在国际上无话语权	其他
工业	22.22	63.89	11.11	8.33	47.22	11.11	44.44	38.89	8.33	19.44
服务业	15.15	63.64	12.12	21.21	39.39	18.18	27.27	36.36	12.12	27.27
国有控股	24.24	69.7	2.03	18.18	42.42	12.12	48.48	33.33	18.18	21.21
非国有控股	13.89	58.33	19.44	11.11	44.44	16.67	25	41.67	2.78	25

　　总体来看，企业对于市场竞争上升的风险以及中资企业增多较为担心，随着经济全球化的影响再加上中国"一带一路"倡议的实施，越来越多的企业走进马来西亚、投资马来西亚，这必将抢占市场。最为突出的是中国建筑企业承建项目往往遇到业主公司不断压价，利润空间受挤压，且时有被业主公司利用、形成中国企业自相竞争的情况。其次是担心政策限制加强，这反映出贸易保护主义的抬头和未来政策不稳定的影响。还有一方面即政治环境的变化，继2018年5月的大选后新的执政党叫停几个中资企业大型项目之后，2020年2月马来西亚再次爆发"二月危机"。此次危机对中资企业的影响还未完全显现出来。我们期待政权更迭不会改变马来西亚多年来基于其地理、历史、族群构成、权力平衡等因素确定的国家利益和对华政策的大方向。

小　结

　　本章通过对马来西亚基础设施供给、公共服务供给和企业投资风险的分析，得出以下几点结论。

首先，马来西亚在水、电、网方面的基础设施供给相对完善。断水、断电、断网等现象较少发生，能够满足企业所需。但有少部分企业反映在基础设施服务项目申请中仍存在一定的非正规支付现象。

其次，马来西亚税务、进出口许可申请方面公共服务供给较为完善，但在管理透明度方面以及政府的管制与审批方面不足。相对于服务业企业，工业企业接受税务机构走访或检查的比例略低，国有控股企业接受税务机构走访或检查多于非国有控股企业，承接过政府项目的企业支付非正规费用的企业比例较高。

再次，相对于非国有控股企业，国有控股企业更加注重前期的可行性考察。同时工业企业比服务业企业更重视可行性考察。受访者认为企业生产经营有明显妨碍的前三项分别是政府管制与审批、政治不稳定和税率。

最后，八成以上的受访者对在马投资持乐观态度，但受访者认为未来经营风险主要来自更为激烈的市场竞争、政治环境变化以及政府限制性政策加强。因此，中马双方应以着眼长远利益，克服阻碍因素，进一步推动中马合作"提质升级"。

第 五 章

企业雇用行为与劳动风险

从 2004 年起，马来西亚摆脱金融危机的影响，经济开始复苏。第二产业和第三产业不断升级发展，提供了广阔的就业市场。[①] 但马来西亚政府为了保障本国劳工的利益，促使本国劳动力充分就业，公布了最低薪金制政策，[②] 采取了多项措施鼓励企业雇用本国公民，对外籍劳工的聘用和对外籍劳工在人力资源市场上的自由流通进行了限制。就目前而言，本国公民没能填补劳工空缺，马来西亚人力资源市场上仍然充斥着大量外籍劳工。而且，马来西亚未对中国全面开放普通劳务市场，只允许在特定条件下引进少量中国技术工人。[③] 这给大量的中资企业在马来西亚雇用员工和提升自身管理上增加了困难。

中资企业自身在资金、技术、方案等方面占有优势，但作为所有生产要素中最为重要的人力资源，马来西亚的中资企业在人事方面也面临着前所未有的风险和隐患。因此，如何让中资企业的员工结构更为合理，将企业的劳动风险降至最低，是需要探讨的重要问题。

本章主要考察了中资企业的雇佣行为与劳动风险。第一节描述了

---

① 冯桂玲：《马来西亚人力资源市场的现状及其特点》，《东南亚纵横》2013 年第 4 期。

② 最低薪金制：除了女佣、园丁等家庭工人，最低薪金制涵盖国内所有经济领域的员工。从 2019 年 1 月起，全马最低薪金标准为 1100 林吉特。

③ 中华人民共和国商务部：《对外投资合作国别（地区）指南（马来西亚 2019 年版）》，第 15 页。

中资企业的员工构成，进而探讨各层级员工国籍、性别差异，并尝试解释员工内部存在差异的原因。第二节分析了中资企业的雇用行为。对中资企业的中方高管基本情况进行总结，分析中资企业在招聘中遇到的问题，以及不同中资企业培训次数和内容的情况。第三节探讨了中资企业的劳资纠纷状况，通过对不同类型企业的对比分析来了解马来西亚的劳资纠纷类型及劳动争议解决途径。

第一节　员工构成

在这次调查的企业问卷中，我们将员工类型分为中高层管理人员、技术人员和设计人员、非生产员工以及一线工人或生产员工。其中，非生产员工包括行政工作员工和销售员工。在分析各类员工内部构成中，以性别分类、国籍分类和受教育程度分类为主，探讨员工内部存在的差异的原因，并分析得出马来西亚的中资企业员工构成的情况。

一　员工构成状况

表5-1描述了受访企业的总体员工构成状况。在受访的中资企业中，马来西亚籍员工平均占比最多，平均有超过六成（64.21%）的员工来自东道国；中国籍员工平均占比排在第二位，比例33.9%；其他国籍员工平均占比最少，比例为1.88%。此外，从最大值来看，中国籍员工和马来西亚籍员工最高占比均达到100%，而其他国籍员工最高占比为60%。也就是说，在一些中资企业中，存在全部为中国籍员工或全部为马来西亚籍员工的现象。这说明不同类型的企业根据不同的生产经营状况对员工类型的需求不同，造成了员工在国别上的差异。

从性别占比来看，受访的中资企业中，女性员工平均占全部员工的 29.22%，男性员工平均占全部员工的 70.78%。也就是说，中资企业员工男女平均比约为 7:3，受访中资企业的男女比例较为失衡。我们推测，这可能是由于受访企业所属行业的差异造成的员工性别差异。

总体而言，大部分的受访企业倾向于雇佣马来西亚当地员工。其主要原因有两方面。第一，人工薪资成本。外派中方员工的工资高于马方员工工资，企业除提供高额的津贴和补助外，还需负担外派人员的住宿费和差旅费等，用工成本高。第二，马来西亚对工作签证的管理越来越严格，如马来西亚的工作签证总量上每年都在收紧，办理难度越来越大，并且办理周期长。中资企业还需要支付一定的签证费用，企业直接雇用马来西亚本地员工则大大减少了这部分的支出。与此同时，雇用大量马来西亚本地员工，也给中资企业的人力资本管理提出了更高的要求。马来西亚主要分为三大族群，分别为马来裔人、华裔人和印度裔人，各个族群的宗教信仰和文化大不相同，这也带来了在交流上的文化不对称、信息不对称、价值观念不对称和风俗习惯不对称。[①] 如何进一步提高人员企业属地化管理水平，在马来西亚谋求长期可持续发展，将成为在马中资企业必须深入探索的问题。

表 5-1		企业员工构成		（单位：%）
各类员工占比	比例均值	标准差	最大值	最小值
女性员工占比	29.22	23.92	100.00	0.00
马来西亚籍员工占比	64.21	26.44	100.00	0.00
中国籍员工占比	33.90	25.38	100.00	0.00
其他国籍员工占比	1.88	9.39	60.00	0.00

---

① 施志鸥：《海外工程人力资源属地化管理的思考——以中交三航局马来西亚 DASH 高架桥项目为例》，《管理观察》2019 年第 24 期。

　　表5-2反映的是企业的一线员工或生产员工的构成情况。调查结果显示，在受访企业中直接从事或投入生产活动中的工作人员平均占比为21.54%，其中个别企业一线或生产员工占比达到88%。从一线员工或生产员工国别构成来看，马来西亚籍员工比例最高，平均占比接近七成（67.17%），而一线员工或生产员工中的中国籍员工占比则超过两成（24.83%），其他国籍的一线员工或生产员工不足一成（8%）。从整体上看，一线员工或生产员工中马来西亚籍员工远多于中国籍员工。

表5-2　　　　　　　　　企业一线工人或生产员工构成　　　　　　（单位：%）

	比例均值	标准差	最大值	最小值
一线员工或生产员工占比	21.54	29.64	88.00	0.00
一线员工或生产员工中马来西亚籍员工占比	67.17	37.42	100.00	0.00
一线员工或生产员工中中国籍员工占比	24.83	32.36	100.00	0.00
一线员工或生产员工中其他国籍员工占比	8.00	27.69	100.00	0.00

　　表5-3呈现的是受访企业的中高层管理人员的构成情况。调研结果显示，中高层管理人员在受访企业中比例均值为22.79%。从中高层管理人员的国籍来看，中国籍员工平均占比达到71.17%，而马来西亚籍中高层管理人员平均占比为26.1%。个别企业中存在全部的中高层管理人员为中国籍员工或者全部的中高层管理人员为马来西亚籍员工的情况。但整体来看，中资企业中的中国籍中高层管理人员比马来西亚籍中高层管理人员更多。

　　在调查中我们了解到，在马来西亚的中高层管理者大多采取的是跨国外派形式，中方管理者成为中国母公司与马来西亚子公司之间相互紧密联系的一条纽带，在决策和管理上保持与母公司一致。也有一些中资企业聘请马来西亚国籍的中高层管理者进行管理，希望实现中资企业属地化经营与发展。优势在于马国员工更熟悉当地的经营环境、精通当地语言、了解当地法律法规以及办事原则，这样可以提高工作效率；更易于管理本地员工，缓解由于文化、宗教差异造成管理上的矛盾，也能提高员工的工作效率，有利于调动员工工作的积极性；利于中资企业快速融入马来西亚行业中，并获得当地政府和民众的认同感。以建筑行业为例，马来西亚建筑业采用的是英标（英殖民地管理体系），在建筑项目上管理较为规范，这和中国存在较大差别，中方管理者多对当地市场不了解，经验不足，很难发挥很大作用。因此，依据中资企业行业不同和不同的生产经营需要，中国籍、马来西亚籍中高层管理者各占有一定的比例。

表 5-3　　　　　　　　企业中高层管理人员构成　　　　　　　（单位：%）

	均值	标准差	最大值	最小值
中高层管理人员占比	22.79	21.26	100.00	0.00
中高层管理人员中马来西亚籍员工占比	26.10	30.35	100.00	0.00
中高层管理人员中中国籍员工占比	71.17	31.62	100.00	0.00

表 5-4 显示的是企业的技术人员和设计人员的构成情况。在受访的中资企业中，从事专业技术工作和设计工作的人员比例均值为18.59%，个别企业的技术人员和设计人员最多达到85.71%。从国籍角度看，技术人员和设计人员中马来西亚籍员工占比为53.8%，中国籍员工的比例为42.15%，二者的差距仅为11.65个百分点。技术人员和设计人员中马来西亚籍员工占比超过半数的原因可能有以下几方面。

第一，马来西亚政府为鼓励更多使用本地劳工，提高马来西亚员工技能及生产力，制定了相关劳动就业保护政策，对企业所能够聘用的专业技术人员进行多方面限制，强制企业雇用马来西亚本国劳工工作。第二，马来西亚员工本身受教育程度较高，员工素质较好，一些员工可以承担有关技术和设计方面的工作。第三，在马中资企业如建筑类企业，多采用的是英标的设计理念和技术，中方人员难以在短时间内适应，雇用马来西亚的技术员工和设计员工可更好地完成相关项目。

表5-4	企业技术人员和设计人员构成		（单位：%）	
	比例均值	标准差	最大值	最小值
技术人员和设计人员占比	18.59	24.69	85.71	0.00
技术人员和设计人员中马来西亚籍员工占比	53.80	38.46	100.00	0.00
技术人员和设计人员中中国籍员工占比	42.15	38.12	100.00	0.00

表5-5给出了企业非生产员工的构成情况。需要说明的是，非生产员工是指企业中不参与相关生产活动的员工，如销售员工、行政员工等。非生产员工占比近三成（29.04%）。在受访的中资企业中，非生产员工中马来西亚籍员工达到七成（72.19%），而中国籍员工仅达到两成（21.8%）。一方面，马来西亚本地人，特别是马来人不愿从事"三D"工作，即脏（Dirty）、险（Dangerous）、难（Difficult）的工作。另一方面，马来西亚本身属于多民族、多语言国家，有137种语言，主要语言为马来语、英语、华语和泰米尔语。[①] 从事销售或行政工作的员工更多的是与本国人打交道，不存在语言障碍，有利于淡化和相互理解文化上和习惯上的差异，更好地进行行政方面的工作。在销售上利于扩大销售渠道、利用自身的当地人脉来为企业获取更大的利益。因此马来西亚籍员工从事非生产工作更为适合。

――――――――――

① 王烈琴、李卓阳：《马来西亚语言教育政策及其对汉语国际推广的启示》，《渭南师范学院学报》2019年第11期。

表5-5　　　　　　　　　企业非生产员工构成　　　　　　　（单位：%）

	比例均值	标准差	最大值	最小值
非生产员工占比	29.04	29.35	100.00	0.00
非生产员工中马来西亚籍员工占比	72.19	34.17	100.00	0.00
非生产员工中中国籍员工占比	21.80	31.29	100.00	0.00

综上可见，随着中国人力资源成本不断上升，中国企业外派员工不再具有低成本优势。特别是近些年中国籍中高层管理人员和技术人员的出境机票、签证、境外薪酬、各类保险和探亲休假等各项费用和补贴水涨船高，造成企业的利润随之一再压缩。因此，中资企业基于节约人力资源成本、实现属地化运营和管理的目的，仅保留大部分中国籍中高层管理人员以及部分技术人员和设计人员，而由多数的马来西亚籍员工负责一线生产相关工作及行政、销售工作，聘用马来西亚人员从事非生产工作，这样更适合中资企业发展。

二　员工受教育程度

除上述方面，调查还统计了马来西亚籍员工受教育程度情况。受教育程度反映了劳动力人口的知识水平，也是劳动力人口质量最重要的影响因素。调查问卷将小学或未上学归为"初等教育及以下"，初中、高中、中专/技校/职业学校归为"中等教育"，本科及以上学历归为"大学本科及以上"。表5-6显示的是不同受教育程度的马来西亚籍员工占员工总数的比例。首先，小学或未上学的马来西亚籍员工占员工总数的3.88%。其次，中等教育程度的马来西亚籍员工占员工总人数的16.67%。大学本科及以上的马来西亚籍员工则占近四成（35.51%）。甚至在个别企业中，马来西亚籍员工均为大学本科及以上学历。这说明在受访的中资企业中，马来西亚籍员工多从事需要高学历的职位。从总体上来看，马来西亚籍员工的质量较高，人力资源素质较高，大部分员工具有良好的知识水平和专业技能。

表 5 - 6　　　　　马来西亚籍员工受教育程度占员工总数的构成　　（单位：%）

受教育程度	比例均值	标准差	最大值	最小值
初等教育及以下	3.88	12.31	60.00	0.00
中等教育	16.67	27.21	100.00	0.00
大学本科及以上	35.51	33.36	100.00	0.00

结合本节所讨论的员工结构和马来西亚籍员工受教育程度，企业需进一步提高人员属地化管理水平。在管理人员结构上，可适度增加马来西亚籍管理人员的比例，这样不仅可以消除语言和文化障碍，也有利于提高管理效率和准确性。在技术人员和设计人员上，组织中国成熟的技术和设计人员进行培训，要培养大量的当地技术人员，提高他们的技能与素质。在一线或生产员工和非生产员工上，为节约用工成本和解决当地的就业压力尽量选择属地化员工，以降低企业人员成本，实现长期稳定发展。

第二节　雇佣行为

本节将从中资企业的中方高管、员工招聘和员工培训三个方面来探讨企业的雇佣行为。首先描述并分析中方高管的派遣时长及语言水平情况，其次描述在企业招聘中遇到的难题以及企业对员工语言能力和沟通能力的要求，最后对企业组织培训人员规模、次数和培训内容等相关情况进行分析。并对在马中资企业的中方高管、员工招聘和员工培训状况进行概括和总结。

一　中方高管主要特征

在受访的中资企业中，有 31.88% 的企业从东道国招募高管。图 5 - 1 为从中国派遣到马来西亚的中方高管的平均派遣时长，有超过六成（63.16%）的中资企业高层管理人员在马来西亚工作时长为一到三年，另有接近两成（19.29%）的中资企业高层管理者在马来西亚工作了四到六年，还有 14.04% 的企业高层管理者在马来西亚工作超过六年，仅有 3.51% 的中方管理人员在马工作不足一年。通常来说，在当地工作时间越长，越有利于中方高层掌握当地文化背景，如宗教信仰、风俗习惯，了解当地人的思维模式与价值取向，明确自身的社会背景中的角色，才能促进中资企业在马来西亚健康发展。

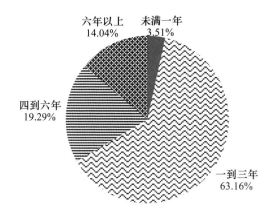

图 5-1　中国派到马来西亚高管的平均派遣时长

　　图 5-2 为中方在马来西亚的高层管理者外语能力水平情况。从总体上看，马来西亚的中方管理人员大多有着丰富的海外工作经验，并具有一定的语言能力。在英语水平能力上，中方高管人员绝大部分表示达到"流利"水平，其次是表示达到"可以交流"的水平，只有极少数高管表示"会一点"或者"完全不会"。在马来语的流利程度上，中方高管大部分表示"完全不会"或"会一点"，少部分表示达到"可以交流"和"流利"水平。在受访企业的中方高层管理人员中，英语能力达到"可以交流"和"流利"水平的员工数量明显高于马来语水平达到"可以交流"和"流利"水平的数量。这与马来西亚大环境相关，马来西亚官方语言为马来语，但商业语言为英语，再加上曾是英国殖民地的历史原因，使得马来西亚大部分人可以

使用英语,因此中方高管会更多地使用中国人较为熟悉的英语进行
交流。

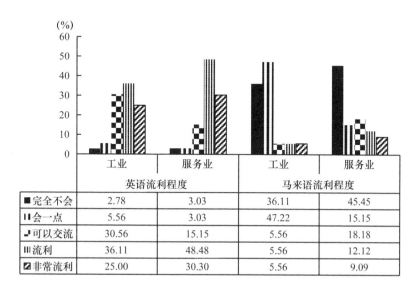

	英语流利程度		马来语流利程度	
	工业	服务业	工业	服务业
■完全不会	2.78	3.03	36.11	45.45
‖会一点	5.56	3.03	47.22	15.15
⌐可以交流	30.56	15.15	5.56	18.18
‖‖流利	36.11	48.48	5.56	12.12
▨非常流利	25.00	30.30	5.56	9.09

图 5 - 2 中方高管的外语能力分布

无论是在英语还是在马来语的流利程度上,服务业企业的中方高
管明显优于工业企业的中方高管。在英语流利程度上,服务业企业中
英语水平达到"流利"的中方高管占比较工业企业高出 12.37 个百分
点;工业企业中英语能力达到"可以交流"水平的中方高管占比是
服务业企业的 2 倍多。这说明,服务业企业对中方派遣的高层管理者
的英语能力要求较高。而在工业企业中,保证"可以交流"就能满
足生产和沟通的需要。在马来语流利程度上,服务业企业中马来语的
能力达到"流利"水平的中方高管占比是 12.12%,而在工业企业中
这一比例仅为 5.56%。服务业企业中马来语达到"可以交流"水平
的中方高管占比是 18.18%,而工业企业中马来语达到"可以交流"
水平的中方高管占比为 5.56%。由此可以看出,服务业企业高管的
马来语流利程度同样高于工业企业。值得关注的是,在工业企业中表

示"会一点"马来语的中方高层管理者占比是服务业企业的3.12倍。说明工业企业对于高层管理者的马来语没有过高的要求,能进行一些马来语的正常交流,就可满足一定的日常工作需要。

总体来看,受访企业的高层管理者在外语水平上均表现出较高的素质水平,使用英语的高层管理者明显多于使用马来语的高层管理者。相对而言,服务业企业对高层管理者的外语水平要求更高。

结合表5-3、图5-1和图5-2,事实上,无论中资企业选择马来西亚籍高管还是外派中国籍高管到马来西亚,对于企业的发展各有利弊。一方面,中方高管可能由于语言障碍、个人价值观和管理态度等文化差异带来母公司和子公司之间协调困难。即使中方高管可以说马来语,但沟通也不一定顺畅。如聘请马来西亚籍人员担任在马中资企业的管理人员,虽然在节约用工成本、提高管理效率和融入当地发展上有明显优势,但其普遍缺乏全球化视野,对中国母公司的战略意图的理解要比外派的中方人员更难。这有可能会造成总部的目标与在马中资企业目标冲突,违背了总公司最初的意愿,甚至可能会导致母公司的战略失败。因此,对于中资企业高管是选择中方外派人员还是聘请马来西亚籍人员,或者二者进行合理分配,有待于今后更深入的调查或结合其他成功企业案例保持持续关注和分析。

二 员工招聘状况

中国近年来在马来西亚的制造业、房地产和基础设施建设等领域投资激增,中资企业在马来西亚进行投资活动时,不仅要做到努力发展业务、开拓市场,也要关注当地民生,承担一定的社会责任,解决一些社会问题。大部分在马中资企业主要涉及劳动密集型产业,中资企业在促进当地经济发展的同时也为当地民众创造了大量就业岗位。

表5-7为2018年不同类型企业在招聘过程中遇到的问题。从整体上看,受访企业在招聘中碰到的主要问题是应聘者缺乏所需技能。按照企业所属类型划分,在工业企业中,招聘过程中遇到的主要困难

是求职者缺乏所需技能（54.29%）和期望薪酬过高（54.29%），而服务业企业在招聘中遇到的主要问题是求职者缺乏所需技能（36.36%）。总体而言，工业企业在招聘员工的难度上远大于服务业企业。从企业控股状况来看，国有控股企业在招聘的过程中遇到的主要问题为求职者过少（43.75%）和缺乏所需技能（43.75%），而非国有控股企业在招聘中遇到的主要问题则是缺乏所需技能（47.22%）。

表 5 - 7　　　　　2018 年企业招聘遇到的问题类型　　　　（单位：%）

	求职者过少	缺乏所需技能	期望薪酬过高	对工作条件不满	和中方管理者交流困难
工业	42.86	54.29	54.29	34.29	25.71
服务业	33.33	36.36	28.13	9.09	6.06
国有控股	43.75	43.75	40.63	25	18.75
非国有控股	33.33	47.22	42.86	19.44	13.89

就目前而言，马来西亚的劳动力市场情况如下：未对中国全面开放普通劳务市场；严格劳工限制；当地劳动力基本不愿从事制造业、建筑业等领域工作导致人员供给不足；最低薪金制等政策。[①] 导致马来西亚中资企业面临的共同问题集中为以下三点：求职者过少、缺乏所需技能和期望薪酬过高。跨国企业在马来西亚生存发展，在招聘人员过程中必须面对以上三个问题，因此，解决了这些问题，才能在马来西亚市场赢得竞争优势。无法改变既有的大环境，就从中资企业自身改变，建立招聘制度来应对马来西亚市场情况。

面对求职者过少的问题，可采取以下几种方式。一是招聘宣传工作要采用各种手段，在传媒平台广泛宣传招聘计划，尽可能多地让当

----

① 中华人民共和国商务部：《对外投资合作国别（地区）指南（马来西亚 2019 年版）》，第 15 页。

地居民了解企业的招聘信息。二是招聘要依据各州政府就业部门的推荐为主，扩大招聘渠道，可委托当地人力资源中介机构进行。三是采用新技术，提高机械化程度以节省人力。利用高科技、新工艺、高水平的生产方式，来节省大量的人力资源。

薪酬本身就是吸引和留住人才的根本保障，作为员工最关心的也是薪酬部分，薪酬可参照当地企业的分配机制来制定，标准和构成要符合马来西亚各州的法律法规，并考虑到工作岗位的性质。为吸引更多优秀的人来，可提高一定的待遇。对于表现优秀的员工，可通过发放奖金等形式进行激励。无论中方员工还是马来西亚员工奖惩机制一视同仁，同时也可制定合理的岗位晋升机制，最大限度地帮助员工获得成就感。另外，可为员工提供吃住方面的福利，如建筑业可提供符合当地务工人员的集体宿舍和食堂，进行集中人性化管理，让他们逐渐熟悉和跟随中国的管理和工程的节奏。

在技能培训上，应针对性地在当地不同群体中开展技能培训，采取因地制宜的方式推进工作，让经验丰富的管理者或技术工人进行帮传帮带。这样不仅提高了劳动力素质，也便于为当地经济和社会发展储备人才。

为进一步了解企业的招聘情况，课题组还通过对企业管理者的调查，了解语言与沟通能力在雇员招聘中的重要程度。如图 5-3 所示，在沟通能力上，有近一半（47.83%）的企业管理者认为员工的沟通能力"最重要"，而认为沟通能力"很重要"和"重要"的企业管理者分别占到 34.78% 和 15.94%，只有个别管理者认为员工沟通能力"不太重要"，占比为 1.45%，没有企业管理者认为沟通能力"最不重要"。在英文语言能力方面，大多数（63.77%）的企业管理者认为员工的英文听说能力"最重要"，近三成（27.54%）的企业管理者认为员工的英文听说能力"很重要"，近一成（8.7%）的企业管理者认为员工的英文听说能力"重要"。没有管理者认为员工的英文听说能力是"不太重要"和"最不重要"。在中文语言能力上，仅有三成（30.43%）的企业管理者认为中文的听说能力"最重要"。认为中文听说能力"很重要"和"重要"的企业管理者占比均为21.74%。另外，认为员工的中文听说水平为"不太重要"和"最不重要"的企业管理者占比相同，均为13.04%。从语言和沟通能力重要性看，在马来西亚的中资管理者认为员工的英文听说能力最重要，沟通能力次之，而中文听说能力最不重要。

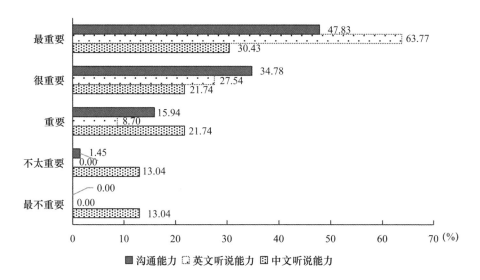

图5-3　企业管理者认为员工语言与沟通能力的重要性

　　绝大多数中资企业重视员工的英文听说能力可能有以下几方面原因。其一，作为当今世界上使用最为广泛的语言之一，英语应用范围广、使用频率高，其重要程度不言而喻。中资企业在马来西亚发展使用英语更有利于参与国际合作，更加国际化。其二，马来西亚作为东南亚地区较为发达的国家，商业用语为英语，加上曾是英国殖民地的历史原因，英语在马来西亚属于第二语言，在普及程度上高于中文。因此，在马来西亚的中资企业中，英语的使用频率高更有利于实现最大化的沟通效率。

关于沟通能力，企业中无论是各部门之间、员工之间还是上下级之间都需要有良好有效的沟通才能走向良性发展的道路。通过沟通，管理者能够在有效时间内了解公司上下的发展情况，也可以使得企业管理制定更加合理，有利于企业发展的方案。但由于文化内容不同、民族风俗习惯不同和语言不同，中资企业在马来西亚面临着跨文化沟通交流的严峻挑战。

三 员工培训状况

培训是企业人力资源管理工作的重要组成部分，人才培训是进一步提升工作质量的基础。从表 5-8 可以看到企业培训人员规模与次数的情况，在受访的中资企业中，2018 年进行过员工培训的企业，平均培训员工达到 88.6 人次，平均组织培训次数为 26.61 次。从企业所属行业类型看，工业企业 2018 年员工培训次数为 10.48 次，而服务业企业员工培训次数为 44.46 次，服务业企业对员工的培训次数明显高于工业企业。从是否有工会这一维度上看，有自身工会的企业2018 年员工培训次数为 10.29 次，没有自身工会的企业员工培训次数为 28.81 次。这说明，在马来西亚的中资企业是否对员工开展培训，与是否拥有企业工会并无关系。换句话说，是否有企业工会，对企业的培训影响不明显。

表 5-8　　　　　　　　2018 年企业培训人员规模与次数

	均值	标准差	最大值	最小值
培训员工人数	88.60	180.41	999	1
培训次数	26.61	129.95	999	1
工业企业员工培训次数	10.48	19.33	100	1
服务业企业员工培训次数	44.46	187.70	999	1
有自身工会的企业员工培训次数	10.29	17.76	50	1
没有自身工会的企业员工培训次数	28.81	138.30	999	1

图5-4具体说明了依据行业划分，在马中资企业对员工开展的培训类型。本次调查将培训类型分为：管理与领导能力、人际交往与沟通技能、写作能力、职业道德与责任心、计算机或一般IT使用技能、工作专业技能、英文读写能力、安全生产和其他能力等9种类型。调查结果显示，中资企业管理者普遍认为工作专业技能的培训最为重要。在工业企业中，受访企业较为重视的培训还包括安全生产，其次是管理与领导能力、人际交往与沟通技能和职业道德与责任心。在服务业企业中，受访企业较为重视的还有人际交往与沟通技能，其次是管理与领导能力、职业道德与责任心和安全生产。相较而言，服务业企业的培训内容更为多元化，服务业应结合业务开展的需要，有针对性地展开相关业务的培训，迅速提升员工的工作技能。另外，无论是工业企业还是服务业企业对于英文读写和写作能力的培训偏少，特别是工业企业没有对写作能力进行培训。

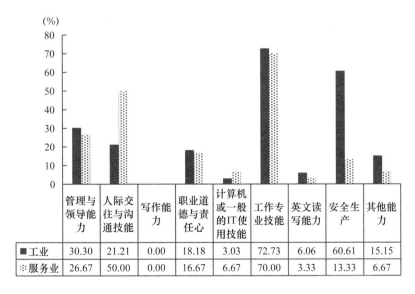

(%)	管理与领导能力	人际交往与沟通技能	写作能力	职业道德与责任心	计算机或一般的IT使用技能	工作专业技能	英文读写能力	安全生产	其他能力
■工业	30.30	21.21	0.00	18.18	3.03	72.73	6.06	60.61	15.15
⋮服务业	26.67	50.00	0.00	16.67	6.67	70.00	3.33	13.33	6.67

图5-4　按行业划分的企业对员工的培训类型

培训内容本身应结合中资企业的实际情况，因地制宜、因人而异地进行。比较工业企业和服务业企业各自的培训侧重点可以发现，工业企业比服务业企业更加注重安全生产方面的培训，安全生产是工业企业的核心竞争力之一，而工业企业本身施工技术复杂性高，受环境特别是天气因素的影响严重；施工人员群体不稳定、流动性大，员工本身的专业素养相对偏低；在作业中存在较大的自由度，很容易引起由于人为原因造成的安全事故。① 因此，加强学习安全施工的流程，要求进行规范化作业，显得尤为重要。而服务业企业更加注重人际交往与沟通能力以及管理与领导能力的培训，说明受访的服务业企业认识到人是服务业成功诸因素中的第一要素，只有拥有综合素质较高的员工，才能提升在同行业中的竞争力，而服务业本身只有不断提升员工的综合素质与业务能力，才能够实现公司的可持续发展。

第三节 劳资纠纷及处理

本节主要探讨 2016—2018 年中资企业中发生劳动纠纷的类型和解决方式。将按照工业和服务业、国有控股和非国有控股、有自身工会和无自身工会三个维度进行对比分析，并概括在马中资企业发生劳资纠纷的类型和处理方式以及其形成原因。

一 劳动纠纷发生类型

表 5 - 9 反映的是 2016—2018 年中资企业发生的劳动纠纷类型。本次调查将劳动纠纷类型分为工资纠纷、社会保障纠纷、劳动合同纠纷、雇用外籍员工引发冲突、不满现有的安全卫生条件、环境和资源保护力度不足和其他原因等 7 种类型。在所有发生过劳动争议的企业

---

① 刘敏：《浅析建筑施工事故防范与安全生产监督管理》，《建筑与装饰》2020 年第 2 期。

中，工资纠纷是最主要的劳动争议类型，其次是劳动合同纠纷和其他原因。只有在工业企业中发生过环保和资源保护力度不足的情况，社会保障纠纷、雇用外籍员工引发冲突以及不满现有的安全生产条件三种发生劳动纠纷的类型在受访企业中均没有发生过。

表5-9　　　　　　2016—2018年企业发生劳动纠纷的类型　　　（单位：%）

	工资纠纷	社会保障纠纷	劳动合同纠纷	雇用外籍员工引发冲突	不满现有的安全生产条件	环境和资源保护力度不足	其他原因
工业	66.67	0.00	25.00	0.00	0.00	6.67	33.33
服务业	83.33	0.00	33.33	0.00	0.00	0.00	16.67
国有控股	50.00	0.00	30.00	0.00	0.00	0.00	50.00
非国有控股	100.0	0.00	25.00	0.00	0.00	0.00	0.00
有自身工会	40.00	0.00	20.00	0.00	0.00	0.00	60.00
无自身工会	84.62	0.00	30.77	0.00	0.00	0.00	15.38

首先，工业企业发生劳动纠纷类型主要为工资纠纷（66.67%）、其他原因（33.33%）、劳动合同纠纷（25%）、环境和资源保护力度不足（6.67%）；服务业企业发生劳动纠纷的类型主要为工资纠纷（83.33%）、劳动合同纠纷（33.33%）和其他原因（16.67%）。

其次，非国有投股企业发生劳动纠纷的最主要类型为工资纠纷，占比高达100%，其次是劳动合同纠纷，占比为25%；国有投股企业发生劳动纠纷的主要类型是工资纠纷（50%）和其他原因（50%），劳动合同纠纷占比为30%。

值得注意的是，企业工会作为企业管理的重要组成部分，应发挥职能作用，帮助企业和员工建立与维护劳动关系，监督劳动合同的签订和执行，当产生劳动争议时，协调企业与员工的关系，维护员工正当利益，促进企业的稳定前行。从调查结果来看，没有自身工会的企业发生工资纠纷的概率（84.62%）是有自身工会企业的两倍多

（40%），没有自身工会的企业发生劳动合同纠纷的企业比例（30.77%）也高于有自身工会的企业（20%）。这说明企业有自身工会确实有利于减少劳动纠纷的发生，保护劳动者权益。

二 争议解决途径类型

本次调查主要将争议解决途径分为"与行业工会谈判解决"、"当地警察协助解决"、"中国商会居中调停"、"法律途径"和"其他"5 种。从表 5 - 10 可见，首先，按行业划分来看，工业企业在发生劳动争议时，超过七成（72.73%）的企业会采取"其他"途径解决，而 27.27% 的企业选择采取"法律途径"解决。服务业企业在遇到劳动争议时，通过"与行业工会谈判解决"、"法律途径"和"其他"三种方式解决的企业各占三分之一。

表 5 - 10　　　　　企业 2016—2018 年劳动争议解决途径　　　（单位：%）

	与行业工会谈判解决	当地警察协助解决	中国商会居中调停	法律途径	其他
工业	0.00	0.00	0.00	27.27	72.73
服务业	33.33	0.00	0.00	33.33	33.33
国有控股	0.00	0.00	0.00	16.67	83.33
非国有控股	12.50	0.00	0.00	37.50	50.00
有自身工会	0.00	0.00	0.00	25.00	75.00
无自身工会	10.00	0.00	0.00	30.00	60.00

其次，按企业所有制性质划分来看，超八成（83.33%）的国有控股企业通过"其他"途径解决，近两成（16.67%）通过"法律途径"解决劳动争议。而非国有控股企业中有一半（50%）的企业表示会通过"其他"途径解决，另有近四成（37.50%）会采取"法律途径"解决，仅 12.5% 表示会通过"与行业工会谈判解决"。

最后，按是否有企业工会划分来看，即使在有自身工会的企业，也没有通过"与行业工会谈判解决"，而更多的是通过"其他"途径解决或诉诸法律。而在没有自身工会的企业中，有六成的企业选择通过"其他"途径解决劳动争议。由此可推测，在马来西亚的中资企业中，企业工会在劳动争议的解决中拥有较小的话语权，处于一个不太重要的位置。

通过调查得知，2016—2018 年的劳动争议事件发生次数较少，持续时间较短，涉及人数较少，并且受访的企业管理者表示，解决劳动争议的方法不局限于上述范围，大多数通过私下协商就能够解决劳动争议的问题。

从表 5 - 9 和表 5 - 10 分析得出，企业工会在保障员工的合法权益、减少劳动纠纷方面发挥着一定的作用，积极开展工作，努力维护职工的权力，这有利于实现企业和员工利益的统一，促进领导与员工之间的和谐共处及员工与员工之间的和谐相处。但工会的维权职能只能停留在表达和反映职工合法权益层面，而不能解决实质性问题，因此在后续工作中，如劳动争议解决途径上同没有工会的中资企业差别不大。

大部分中资企业进入一个新的国家，难免缺乏经验，长期以来受到国内用工惯性思维的影响，缺乏对当地法律制度、文化制度的了解，在处理与当地雇员的劳资关系等方面不够规范，习惯于套用国内用工模式，也可能违反当地的劳动法律，使得部分项目频涉纠纷。当地员工对马来西亚的劳动法律制度较为熟知，一旦企业有违反其中条款的行为发生，将陷入十分被动的局面，所以中资企业要认真遵守马来西亚劳动保护、劳动保障法律法规等各方面的强制性规定、指导性规定，还要充分了解马来西亚劳动救济制度，重视劳动纠纷的解决程序和过程。①

---

① 李好、黄潇玉：《对马来西亚投资：中国的机遇与风险》，《对外经贸实务》2018 年第 1 期。

小　结

本章通过分析中资企业的雇佣行为与劳动风险，得出以下几点主要结论。

首先，企业员工中马来西亚籍员工比例已超过六成，企业人员属地化水平较高。具体而言，在一线员工或生产员工中，马来西亚籍员工平均占比近七成，中国籍员工平均占比仅四分之一。在非生产员工中的占比与之类似。在中高层管理人员中比例刚好反过来，中国籍员工平均占比超过七成，而马来西亚籍员工平均占比约四分之一。此外，在专业技术或设计工作员工中，马来西亚籍员工占比已超半数，中国籍员工的比例约四成。这说明在中资企业中中国籍员工主要从事管理岗位工作，马来西亚籍员工则主要占据中低端的工作岗位。

其次，马来西亚籍员工中很大一部分受过高等教育，具有良好的知识水平和专业技能。中资企业的中方高管派遣时间在一至三年，英语水平普遍较高，但马来语水平较低。同时，外语水平在行业中存在差异，服务业企业的中方高管明显优于工业企业高管。

再次，当地员工招聘过程中存在应聘者缺乏所需技能、求职者过少和期望薪酬过高这几项主要困难，国际化人才培养成为中资企业国际化水平提升的重要环节。管理者希望当地员工有较好的英语听说能力和沟通能力，而对中文的听说能力要求不高。同时，中资企业在马来西亚发展过程中非常重视培训，其中工业企业培训的次数远少于服务业企业。

最后，企业发生劳动纠纷的类型主要为工资纠纷和劳动合同纠纷，且最主要通过法律途径来解决劳动纠纷问题。有自身工会的企业在减少劳动纠纷上有一定作用，但在劳动争议解决上与无自身工会的企业没有明显差别。

第 六 章

企业社会责任与企业形象

　　海外利益是中国国家利益的重要组成部分，而近年来中国海外利益受损事件频发，这为中资企业"走出去"带来了"硬风险"。需要关注的是，外界对中国实施"新殖民主义"的指责构成了中资企业"走出去"的"软风险"，极大地恶化了中国崛起的舆论环境。对中国海外利益的扩展构成了舆论软约束，并对中国企业"走出去"战略直接造成了巨大的负面影响。① 跨国企业作为重要的国际行为体，在一定程度上被赋予了政治功能。中资企业在东道国履行社会责任、树立良好的企业形象，不仅能够提升企业的国际竞争力，也是开展企业公共外交的重要内容，同时对于中国海外利益的维护和拓展具有重要意义。第二届"一带一路"国际合作高峰论坛联合公报指出："努力建设高质量、可靠、抗风险、可持续的基础设施……统筹好经济增长、社会进步和环境保护之间的平衡。"呼吁"一带一路"合作的所有市场参与方履行企业社会责任，遵守联合国全球契约。

　　近年来，中资企业对可持续发展的认识不断提升，将可持续基础设施与海外社会责任相连接，推进制度化、常态化发展。如在全球基建市场增速放缓、从成本规模型向质量效益型转变背景下，中国对外承包工程商会陆续制定了《中国对外承包工程行业社会责任指引》

---

　　① 李好、黄潇玉：《对马来西亚投资：中国的机遇与风险》，《对外经贸实务》2018 年第 1 期。

《中国企业境外可持续基础设施项目指引》《中国对外承包工程行业社区沟通手册》等一系列指引性文件，充分展现出中资企业在境外高度的责任担当，树立了中国企业良好的国际形象，赢得东道国及中国政府的高度肯定和当地社会的广泛认可。

本章主要考察中资企业在马来西亚的企业社会责任与企业形象。第一节主要涉及受访企业履行社会责任的状况，并对不同企业履行社会责任的程度和海外宣传状况进行比较分析。第二节分析中资企业在马来西亚的宣传状况和宣传效果。第三节通过对比分析来了解中资企业在马来西亚开展公共外交的现状与问题。

第一节　企业社会责任

企业社会责任（Corporate Social Responsibility，CSR）是指企业在创造利润的同时，应主动承担对环境、社会和利益相关者的责任。2015 年，世界各国领导人在联合国峰会上通过了《2030 年可持续发展议程》（SDG）及其覆盖经济、环境、社会协调发展的 17 项可持续发展目标。这表明跨国公司在海外的经营需更加注重经济、环境、社会的协调可持续。而且，由于中资企业海外发展主要集中于生产制造、基础建设和资源开发等与环境密切相关、劳动密集型等传统行业，环境保护、员工的待遇与权利、社区及群体的权益与发展等问题又恰恰是国际社会责任运动关注的重要议题，这就意味着中资企业海外运营的结构性缺陷决定了其在国外将面临更大的社会责任风险。

因此，履行海外社会责任，提升中资企业形象，打造良好的东道国社会关系已经成为中资企业海外运营的迫切要求。① 企业对社会责任的履行一方面能够提升企业海外发展的竞争力；另一方面也是维护

---

① 张蔥、魏秀丽、王志敏：《中资企业海外社会责任报告质量研究》，《首都经济贸易大学学报》2017 年第 6 期。

中国国家形象的重要手段。

本节旨在了解在马中资企业社会责任的履行情况，主要从中资企业社会责任的履行情况和海外宣传状况两个部分展开对比分析。

一　企业社会责任的履行情况

本次调查主要将企业援助项目的类型分为教育援助、培训项目援助、卫生援助、基础设施援助、修建寺院、水利设施援助、文体设施援助、文体交流活动、社会服务设施援助、实物形式的公益慈善、直接捐钱等11种类别。如图6-1所示，就援助项目来看，受访企业中有超过六成（63.27%）通过直接捐钱的方式开展援助，占比最高；其次是以实物形式进行公益慈善捐赠，比例也接近六成（59.18%）；再次是进行教育援助，比例超过四成（40.82%）；复次是社会服务设施援助，占比超过三成（36.73%）；其他类别的援助项目均低于三成。值得注意的是，受访企业均未参与过卫生援助、基础设施援助、修建寺院和水利设施援助。这说明大部分企业倾向选择直接捐

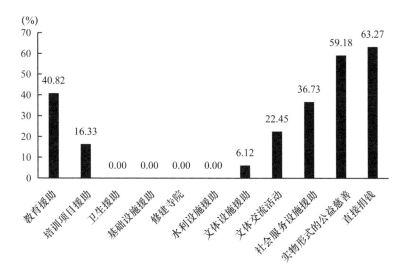

图6-1　企业各项社会责任履行程度

钱、教育援助和社会公共服务援助，而在文体设施、水利设施、宗教活动设施等基础设施以及医疗卫生方面的援助上关注程度存在明显不足，援助项目类型比较单一。

表 6-1 主要是对中资企业履行企业社会责任状况进行调查，进而了解不同影响因素与企业社会责任履行程度的关系。

按行业划分来看，在企业社会责任制度化建设过程中，行业之间的差异主要体现在是否设置了"专门的社会责任办公室或相应主管"和"在公司年度计划中制定年度公益计划"两个方面。首先，工业企业中有 8.33% 表示"设置专门的社会责任办公室或相应主管"，而服务业企业的占比高于工业企业 3.79 个百分点。与之相反，有 25% 的工业企业"在公司年度计划中制订年度公益计划"，而服务业企业的占比要低 3.79 个百分点。而在"建立社会责任或公益行为准则的规章制度"和"在公司年度计划中制订年度公益计划"方面，工业企业和服务业企业的差别很小。总体来看，无论是工业企业还是服务业企业，二者社会责任制度化建设程度均存在明显不足，需引起相关政府部门和企业的重视。

表 6-1　　　　　　　　　企业社会责任履行程度　　　　　　　（单位：%）

	设置专门的社会责任办公室或相应主管		建立社会责任或公益行为准则的规章制度		在公司年度计划中制订年度公益计划		2016—2018 年企业社会责任支出变化	
	是	否	是	否	是	否	不变	增加
工业	8.33	91.67	16.67	83.33	25.00	75.00	50.00	50.00
服务业	12.12	87.88	15.15	84.85	21.21	78.79	50.00	50.00
国有控股	6.06	93.94	18.18	81.82	24.24	75.76	42.86	57.14
非国有控股	13.89	86.11	13.89	86.11	22.22	77.78	57.14	42.86
有自身工会	25.00	75.00	37.50	62.50	75.00	25.00	40.00	60.00
无自身工会	8.20	91.80	13.11	86.89	16.39	83.61	55.56	44.44

按企业所有制性质划分来看，国有控股企业在"建立社会责任

或公益行为准则的规章制度"和"在公司年度计划中制订年度公益计划"方面的重视程度要高于非国有控股企业。而非国有控股企业在"设置专门的社会责任办公室或相应主管"和"2016—2018年企业社会责任支出变化"方面的占比略高于国有控股企业。这表明国有控股企业的企业社会责任制度化建设程度相对较高，近三年的社会责任支出费用也更高。

按企业有无自身工会划分来看，有自身工会企业的企业社会责任制度化建设程度明显高于没有自身工会的企业。

在员工的福利待遇状况方面，如表6－2所示，工业企业在"员工食堂或午餐安排"、"为员工提供住宿"和"员工文体活动中心"方面的占比都明显高于服务业企业。这与工业企业的大规模集中生产的性质直接相关。但相较于服务业企业，工业企业中存在非常普遍的"加班"现象。即工业企业中有超过九成（91.67%）的企业存在员工"加班"现象，而服务业企业的占比则不足八成（75.76%）。

按企业所有制性质划分来看，国有控股企业在"员工食堂或午餐安排"和"建立员工文体活动中心"方面的占比明显高于非国有控股企业。但国有控股企业的员工"加班"也更多，其占比为87.77%，高于非国有控股企业7.21个百分点。相对而言，在员工的餐饮和文体生活福利方面，非国有控股企业仍然与国有控股企业有较大差距。

按企业有无自身工会划分来看，有自身工会企业的企业社会责任各方面的员工福利待遇提供的占比明显高于没有自身工会的企业。

表6－2　　　　　　　　　企业福利待遇比较　　　　　　（单位：%）

	加班		员工食堂或午餐安排		提供员工宿舍		建立员工文体活动中心	
	是	否	是	否	是	否	是	否
工业	91.67	8.33	66.67	33.33	80.56	19.44	11.11	88.89
服务业	75.76	24.24	18.18	81.82	45.45	54.55	6.06	93.94
国有控股	87.77	12.12	51.52	48.48	60.61	39.39	15.15	84.85

	加班		员工食堂或午餐安排		提供员工宿舍		建立员工文体活动中心	
	是	否	是	否	是	否	是	否
非国有控股	80.56	19.44	36.11	63.89	66.67	33.33	2.78	97.22
有自身工会	100.00	0.00	75.00	25.00	75.00	25.00	12.50	87.50
无自身工会	81.97	18.03	39.34	60.66	62.30	37.70	8.20	91.80

二　企业社会责任海外宣传状况

关于企业社会责任的海外宣传情况，我们根据企业所有制性质主要对国有控股企业和非国有控股企业进行了比较。如图 6 - 2 所示，整体上，有近四成的企业在海外进行过企业社会责任宣传。其中国有控股企业的占比为 39.39%，高于非国有控股企业 6.06 个百分点。有研究者指出，中资企业在海外进行企业社会责任宣传占比较低的原因是中国与东道国当地文化差异较大，制度环境和法律环境迥异，中国企业往往对投资东道国的法律、文化、习俗等缺乏基本了解，加之企业宣传能力不强，没有建立合理的信息沟通机制，导致企业与当地社会出现信息不对称、沟通不畅等问题，进而影响企业社会责任的履行。[①] 因此，企业在加强对东道国法律、文化了解的基础上，应加大力度进行企业社会责任的海外宣传，树立良好正面的海外中资企业形象。

除了对不同性质的企业社会责任履行状况进行对比之外，问卷还要求受访者对其他国家企业在马来西亚的社会责任履行效果进行打分。打分标准为 1—10 分，1 分是指社会责任履行效果最差，10 分为社会责任履行效果最好。如图 6 - 3 所示，有来自四个国家的企业平均分在 6 分以上，位于第一梯队，分别是日本企业、英国企业、中国企业和德国企业。其中日本企业社会责任履行效果最好，平均分达到

---

① 张中元：《中国海外投资企业社会责任：现状、规范与展望》，《国际经济合作》2015 年第 12 期。

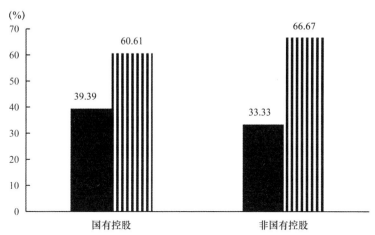

图 6 - 2　按企业性质划分的企业是否进行过海外社会责任宣传比较

6.87 分，其次是英国（6.49 分）、中国（6.17 分）和德国企业（6.03 分）。位于第二梯队的是美国和法国企业，得分分别为 5.61 分和 5.59 分。位于第三梯队的是印度和俄罗斯企业，得分均低于 4 分。得分最低的俄罗斯企业相比位居第一位的日本企业低了 3.27 分。

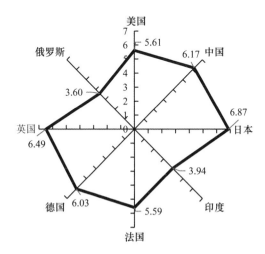

图 6 - 3　管理者对各国企业社会责任履行效果的评价

通过对比发现，中国企业虽然位居第一梯队，仅次于日本企业和英国企业，但社会责任履行方式和程度仍有较大的提升空间，日本企业在履行社会责任方面的做法值得重点借鉴。

第二节　企业形象传播

企业形象是指社会公众对企业内在精神和外在特征的整体感觉、印象和认知。[①] 对企业进行全方位、系统化的形象塑造、提高企业信誉与知名度、节约设计制造费用与加速企业信息传播速率、提升企业文化和提高企业素质与管理水平等方面均具有重要作用，而忽视企业形象塑造甚至将直接影响企业的存亡。[②] 此外，良好的企业形象还能够改善外国公众对中国的态度，提升中国的国家形象。本节旨在了解在马中资企业形象的传播状况，主要从中资企业形象媒体宣传的情况以及中资企业在马来西亚的认可度状况两个方面调查分析。

一　企业形象媒体宣传状况

为了解中资企业在马来西亚通过何种方式进行企业形象的媒体宣传，问卷中将企业对外宣传的手段主要分为五个选项，包括马国本地媒体、马国华人媒体、新媒介（如 Twitter 和 Facebook）、新媒体（如微信）和只做不说。如图 6-4 所示，企业最主要选择马来西亚当地媒体进行企业形象宣传，占比超过了四成（42.03%）。其次，由于马来华人与中国在语言和文字方面的相通性，以及华人媒体在马国的影响力，三分之一（33.33%）的企业通过当地华人媒体对企业形象

① 杜伟：《企业形象塑造中存在的问题及对策分析》，《商业研究》2010 年第 12 期。

② 何裕宁、张莉：《我国企业形象塑造存在的主要问题及对策》，《企业经济》2012 年第 11 期。

开展宣传。另外，选择新媒介（如 Twitter 或 Facebook）和新媒体（如微信）两个选项的企业占比相同，加起来已经超过半数，但仍有近三成（27.54%）的企业表示"只做不说"。总体来看，一方面，仍有三分之一的企业不重视通过媒体进行企业形象塑造；另一方面，在媒体的选择上，在马中资企业采用新媒体进行企业宣传的比例已经超过传统媒体。此外，值得注意的是，马来西亚的主流社交媒体是 What's App，使用人数占到了马来西亚网民的 77%，而中国企业最常用的微信在马来西亚的市场占有率只有 13%。[①] 中资企业要善于利用马来西亚的主流社交平台进行宣传，才能达到深入人心的效果。

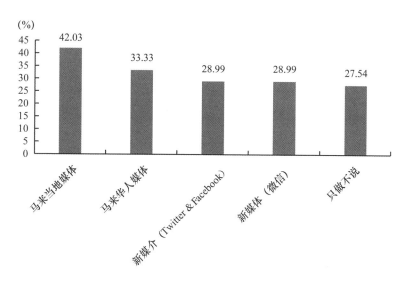

图 6－4　企业形象宣传手段对比

本次调研还对企业社交媒体公众账号的数量做了进一步的调查。如图 6－5 所示，近一半（48.53%）的企业尚无社交媒体公众账号；有 1—3 个社交媒体账号的企业占比为 45.58%；仅有不足一成

------

① 沙烈：《获取资讯分享生活，大马最多人用 What's App》，星洲网，2017 年 9 月 12 日，http：//www. sinchew. com. my/node/1681475，2020 年 1 月 20 日。

（5.89%）的企业有 3 个以上社交媒体账号。可以看出，尽管在新媒体迅猛发展的背景下，企业也越来越倾向于采用新媒体进行企业形象宣传（参见图 6 - 4），但对新媒体运营缺乏经验。事实上，良好的企业形象对内可以增强企业的凝聚力，有利于企业广招人才，提高企业的核心竞争力；对外可使企业获得社会公众的信赖和支持，增强企业的筹资能力，有助于企业产品占领市场，提高企业经济效益。[①] 因此，在马中资企业应重视媒体对企业形象进行宣传和塑造，进一步加强新媒体运营能力，才能有效提升自身的"软实力"。

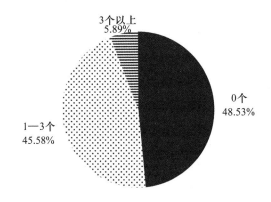

图 6 - 5　马来西亚中资企业社交媒体公众账号数量比较

二　企业产品在马来西亚的认可度

除了中资企业形象的宣传状况，本次调研还针对管理者对企业产品在马来西亚的认可度评价展开调查。如表 6 - 3 所示，打分标准为 1—10 分，1 分为最不被马来西亚民众认可，10 分为最认可。

首先，按运营时长划分来看，受访者认为运营超过五年的企业产品或服务品牌在马国认可度均值为 7.65 分，略高于运营时长低于五年的企业。其次，按照行业划分，工业企业的企业产品或服务品牌在

---

① 郑建峰：《基于社会责任的企业形象塑造》，《企业经济》2008 年第 10 期。

马国认可度平均值为 7.75 分，略高于服务业企业。再次，按企业是否参与国际标准化制定划分来看，参与国际标准化制定的企业产品或服务品牌在马国认可度平均得分高于没有参与国际标准化制定的企业。但总体而言，无论按照何种标准划分企业，管理者对中资企业产品或服务品牌在马来西亚的认可度都在 7—8 分之间，属于良好的水平。企业可通过提升产品质量或服务、加大媒体宣传等方式进一步提高自身产品或服务品牌在马来西亚的认可度和美誉度。

表 6-3　　　　　　中资企业产品在马来西亚的认可度对比　　　（单位：分）

	均值	标准差	最大值	最小值
运营超过五年	7.65	1.60	10	3
运营低于五年	7.48	1.52	10	3
工业	7.75	1.52	10	3
服务业	7.38	1.60	10	3
参与国际标准化制定	7.86	2.41	10	3
没有国际标准化制定	7.67	1.30	10	5

三　对主要大国在马国家形象的评价

国家形象可以通俗地理解为人们对其他国家的印象，但又不简单地与印象相同，它是长期以来形成的稳定的、呈系统的印象。[1] 如何建设中国在海外的国家形象是推进"一带一路"实施中的重要议题之一。而中资企业管理者长期扎根海外，对各国在东道国的国家形象塑造有深刻感知。

表 6-4 是受访者对主要大国在马国家形象打分的结果，打分标准为 1—10 分，1 分为最低分，10 分为最高分。按照平均分由高到低排序如下：英国（7.31 分）、日本（7.24 分）、中国（7.00 分）、德

---

[1]　季乃礼：《国家形象理论研究述评》，《政治学研究》2016 年第 1 期。

国（5.98 分）、法国（5.67 分）、美国（5.45 分）和印度（4.67 分）。由此可见，英国在马来西亚的国家形象最高，同时在企业社会责任履行程度上英国企业也仅次于日本企业（参见图 6-3），究其原因，主要可能是英国在马殖民统治对独立后的马来西亚社会发展产生了诸多积极影响，使得马来民众对英国有天然的好感①之外，英国企业也非常重视在马国履行社会责任并坚持树立良好的企业形象。

表6-4　　　　　　　管理者对各国在马国家形象的打分　　　　（单位：分）

	均值	标准差	最大值	最小值
美国	5.45	1.71	9	1
中国	7.00	1.42	10	5
日本	7.24	1.36	9	3
印度	4.67	1.59	8	1
法国	5.67	1.36	8	1
德国	5.98	1.38	9	2
英国	7.31	1.57	10	4

值得注意的是，通过与管理者对各国企业社会责任履行效果评价（图 6-3）进行比对发现，企业社会责任的履行与国家形象之间有较强的关联度，两者之间存在正相关关系。即社会责任履行程度较高的英国、日本、中国和德国，在国家形象得分中也位列前四，而国家形象得分最低的印度在社会责任履行程度上也同样位于末位。因此，海外中资企业应充分重视社会责任的承担和履行，为提升自身企业形象、塑造负责任的大国形象贡献力量。

①　庞卫东：《反思与重释：英国殖民统治对马来西亚的影响》，《史学月刊》2013年第9期。

第三节　企业公共交往

随着全球化进程的推进，经济与政治相互融合、相互影响，跨国企业已经成为重要的国际行为主体，很多"大企业"在国际舞台上扮演着不可忽视的角色。作为经济实体的跨国企业也由此被赋予了更多的功能。"一带一路"建设实施以来，伴随中国境外企业项目和人员不断增加，企业特别是国有大型企业的公共交往功能和作用日益凸显。中资企业在所在国从事生产经营活动，不可避免地企业公共交往不仅将为中国企业的"走出去"营造良好的舆论形象，成为中国海外利益保护的新手段，而且将推动中国公共交往事业的新发展，具有重大的实践价值。[①] 本节旨在分析中资企业在马来西亚开展公共交往的状况。

一　与其他企业往来状况

从表6-5可见，首先，运营时长超过五年的企业与马来西亚同类企业的高层管理者的往来频繁程度要明显高于运营时长不足五年的企业。其次，国有控股企业与马来西亚同类企业的高层管理者的往来频繁程度要明显高于非国有控股企业。再次，工业企业和服务业企业的往来频繁程度大致相同。由此可见，企业运营时长和所有制性质对企业与马来西亚同类企业高层管理者的往来有一定影响。运营时间较长、国有控股企业更倾向于与同行高层管理者沟通互动。

---

① 李志永：《企业公共外交的价值、路径与限度——有关中国进一步和平发展的战略思考》，《世界经济与政治》2012 年第 12 期。

表6-5　　　　　　企业与马来西亚同类企业高层管理者的往来情况　　（单位：%）

类型	没有往来	较少往来	有往来	往来频繁
运营超过五年	2.70	29.73	37.84	29.73
运营低于五年	3.13	12.50	62.50	21.88
国有控股	3.03	21.21	45.45	30.30
非国有控股	2.78	22.22	52.78	22.22
工业	2.78	22.22	50.00	25.00
服务业	3.03	21.21	48.48	27.27

二　与当地行政长官与部门往来状况

在中资企业与马来西亚当地行政长官的往来状况方面（参见表6-6），按企业运营时长划分来看，运营时长超过五年的企业与运营时长不足五年的企业差异并不显著，两种类型的企业中都有超过半数的企业表示与当地的行政长官有往来，其中运营时长不足五年的企业比例略高一些（56.25%），运营时长超过五年的企业占比为54.05%；都有一成左右的企业表示，与当地的行政长官没有往来，其中运营时长超过五年的企业比例为10.81%，运营时长不足五年的企业比例为9.38%。这表明，企业与马来西亚当地的行政长官的往来频率并不受企业运营时长的影响。

按企业所有制性质划分来看，国有控股企业中，有超过五成（57.58%）的企业表示，与马来西亚当地的行政长官有往来；近三成（27.27%）的企业表示有较少往来；表示往来频繁的企业超过一成（12.12%）；表示没有往来的企业占比仅为3.03%。非国有控股企业中，表示与马来西亚当地的行政长官有往来的企业最多，占比超过半数（52.78%）；表示有较少往来的企业有四分之一（25%）；表示没有往来的企业是国有控股企业比例的5.5倍；占比最少的是表示往来频繁的企业，仅有5.56%。通过对比可见，在国有控股企业中，与所在地的行政长官往来频繁的企业相对较多，而非国有控股企业中有相当一部分没有与所在地的行政长官进行往来。

按行业划分来看，在工业企业中，有超过六成（63.89%）的企业表示与马来西亚当地的行政长官有往来，有不足一成（5.56%）的工业企业表示与所在地行政长官往来频繁。而在服务业企业中，接近半数（45.45%）的企业表示与所在地行政长官有往来，表示"往来频繁"的占比12.12%。整体来看，工业企业中表示"有往来"和"往来频繁"的比例总和接近七成（69.45%）；服务业企业的这一比例则不足六成（57.57%）。这表明，工业企业与马来西亚所在地的行政长官接触相对较多。

表6-6　　　　　　　　　企业与所在地的行政长官的往来情况　　　　　　（单位：%）

类型	没有往来	较少往来	有往来	往来频繁
运营超过五年	10.81	27.03	54.05	8.11
运营低于五年	9.38	25.00	56.25	9.38
国有控股	3.03	27.27	57.58	12.12
非国有控股	16.67	25.00	52.78	5.56
工业	8.33	22.22	63.89	5.56
服务业	12.12	30.30	45.45	12.12

表6-7反映的是企业与马来西亚行业部门政府领导的接触情况。按企业运营时长划分来看，运营时长超过五年的企业中，表示"有往来"的企业最多，占比达到37.84%，"往来频繁"所占比例为16.22%。而在运营时长低于五年的企业中，选择"有往来"选项的企业占比高达59.38%，"往来频繁"所占比例为12.5%。由此可见，运营时长高于五年的企业与当地行业部门政府领导的往来更为频繁、关系更好。

按企业所有制性质划分来看，国有控股企业中，表示"有往来"和"往来频繁"的企业占比明显高于非国有企业。由此可见，国有控股企业整体上更加重视与马来西亚行业部门的政府领导的接触。

按行业划分来看，工业企业与马来西亚行业部门的政府领导的往来程度要高于服务业企业。

表6-7　　　企业与马来西亚行业部门的政府领导的往来情况　　（单位：%）

类型	没有往来	较少往来	有往来	往来频繁
运营超过五年	10.81	35.14	37.84	16.22
运营低于五年	12.50	15.63	59.38	12.50
国有控股	3.03	30.30	51.52	15.15
非国有控股	19.44	22.22	44.44	13.89
工业	11.11	19.44	55.56	13.89
服务业	12.12	33.33	39.39	15.15

按照与以上图表同样划分和对比方法，表6-8显示了中资企业与当地规制或行政管理部门的主要领导的往来情况。

按企业运营时长划分来看，运营时长超过五年的企业中，表示"有往来"的企业最多，占比达到43.24%，"往来频繁"所占比例为16.22%。而在运营时长低于五年的企业中，选择"有往来"选项的企业占比为56.25%，"往来频繁"所占比例为12.5%。由此可见，运营时长与企业与当地规制或行政管理部门主要领导的往来频繁程度相关性不强。

按企业所有制性质划分来看，国有控股企业中，表示"有往来"和"往来频繁"的企业占比均高于非国有控股企业。这表明国有控股企业整体上更加重视与马来西亚行业部门的政府领导的接触。

按行业划分来看，工业企业中表示"有往来"的占比（58.33%）

高于服务业企业，但服务业企业中表示"往来频繁"的占比（15.15%）又略高于工业企业，二者差异不明显。

表6-8　　企业与当地规制或行政管理部门主要领导的往来情况　　（单位：%）

类型	没有往来	较少往来	有往来	往来频繁
运营超过五年	10.81	29.73	43.24	16.22
运营低于五年	12.50	18.75	56.25	12.50
国有控股	6.06	27.27	51.52	15.15
非国有控股	16.67	22.22	47.22	13.89
工业	5.56	22.22	58.33	13.89
服务业	18.18	27.27	39.39	15.15

三　企业承接政府项目及政府履约状况

表6-9主要是按企业运营时长划分，对受访企业承接的马来西亚政府项目状况进行了调查。企业承担的政府项目类型主要分为楼堂场馆建设项目、公路项目、铁路项目、水电项目、火电项目、航运项目以及其他项目共7类。根据调查发现，在所有受访企业中，有近一半的企业（44.93%）近三年内承接过马来西亚建筑或电力工程项目。在运营时间超过五年的企业中，承担其他项目、铁路项目、楼堂场馆建设项目排名在前三位占比均超过了三成，比例分别为66.67%、41.67%、32.43%。随后依次是公路项目（25%）、水电项目（16.67%）、火电项目（8.33%）和航运项目（8.33%）。运营时间不足五年的企业与其存在略微的差异：排在前三位的分别是其他项目、楼堂场馆建设项目、公路项目，占比分别为78.95%、59.38%、26.32%。随后依次是：铁路项目（10.53%）和火电项目（10.53%）、水电项目（5.26%）和航运项目（5.26%）。

表6-9　　　　　　按运营时长划分的企业承接马来西亚政府项目状况　　　（单位：%）

项目类型	运营超过五年		运营低于五年	
	是	否	是	否
楼堂场馆建设项目	32.43	67.57	59.38	40.63
公路项目	25.00	75.00	26.32	73.68
铁路项目	41.67	58.33	10.53	89.47
水电项目	16.67	83.33	5.26	94.74
火电项目	8.33	91.67	10.53	89.47
航运项目	8.33	91.67	5.26	94.74
其他项目	66.67	33.33	78.95	21.05

　　总体来看，无论运营时间长短，在马中资企业承接马来西亚政府项目均以铁路、楼堂场馆建设和公路等基础设施项目为主。而且，近五年新进入马来西亚市场的企业更多承接了楼堂场馆建设项目，这表明近几年中资企业有力推动了马来西亚的城市化建设进入快速发展的新阶段。

　　图6-6显示了受访中资企业承包工程项目的主要方式。调查结果显示，有七成以上（70.97%）的中资企业表示仍然采用的是传统承包方式；采用总承包方式的企业占比也超过了四成（41.94%）；项目融资方式排在第三位，占比不足两成（16.13%）；仅有12.9%的企业采用其他方式承包工程项目。可以看出，目前在马中资企业大部分仍然是采取传统承包方式，而采用总承包方式的企业还不足半数。面对着越来越复杂的大型工程项目、建筑智能化和BIM技术的应用等新发展，传统的设计、采购、施工分离的项目管理模式已不能很好地满足工程建设的需要，工程

总承包模式的出现更好地适应了现代化的工程项目的管理需求。①
同时，总承包方式也具有更高的利润回报。这反映出目前中资企业
在承包工程项目的方式上仍需进一步转型升级。

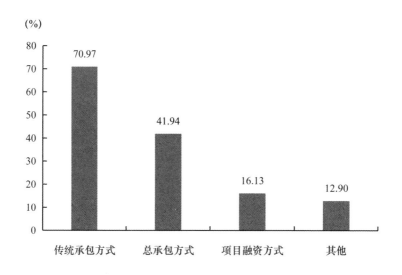

图 6 - 6　企业承包工程项目的方式分布

图 6 - 7 反映的是中资企业管理者对马来西亚政府履约程度的评
价。根据调查结果显示，有近半数（46.15%）的企业管理层认为马
来西亚政府的"履约程度尚可，不用催促就能准时履约"；认为马来
西亚政府"履约程度一般，需要 3—5 次催促能正常完成"的企业管
理者占比超过了三成（34.62%）；有超过一成（11.54%）的企业管
理者认为"履约程度不太好，需要经常催促"；而认为马来西亚政府
的履约能力较好和较差的企业管理者比例相同，都为 3.85%。由此
可见，大部分企业管理层对于马来西亚政府履约能力的评价相对
正面。

①　韩如波、孟庆阳：《从传统施工模式到工程总承包——新中国 70 年工程实施
组织模式的优化创新之路》，《建筑》2019 年第 18 期。

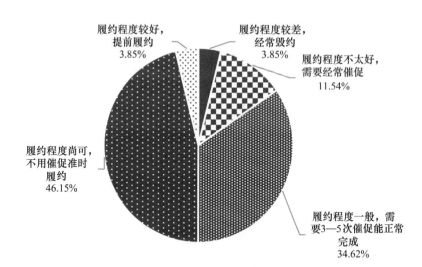

图 6 - 7 管理者对马来西亚政府履约程度评价

小 结

本章通过分析中资企业在马来西亚的企业社会责任与企业形象，得出以下几点主要结论。

首先，中资企业在马来西亚社会企业履行类型单一，且整体上企业社会责任制度化建设程度不高。企业主要选择直接捐钱和实物捐赠，而较少选择其他援助形式。相对而言，国有控股企业的企业社会责任制度化建设程度和支出费用相对高于非国有控股企业。有自身工会的企业的社会责任制度化建设程度明显高于无自身工会的企业。

其次，中资企业员工福利待遇较好，但有近九成的中资企业存在加班现象。在员工的餐饮和文体生活福利方面，非国有控股企业仍然与国有控股企业有较大差距。同时有自身工会的企业的员工福利待遇明显优于无自身工会的企业。

再次，中资企业在马的企业社会责任海外宣传力度不足、新媒体运营能力欠佳。中资企业管理者对日本企业在马履行社会责任的效果评价最高。中国企业仅次于日本企业和英国企业，排名第三，其在社会责任履行方式和程度上有较大的提升空间。

同时，中资企业管理者对企业社会责任履行效果评价排名靠前的英国、日本、中国和德国的国家形象的评分也较高。这表明企业社会责任的履行与国家形象之间有较强的关联度，海外中资企业应充分重视社会责任的承担和履行，为提升自身企业形象，塑造负责任的大国形象贡献力量。

最后，中资企业在马来西亚开展公共交往状况良好，承接了大量的基础设施建设项目，有力助推了马来西亚的城市化建设进入快速发展的新阶段。大部分企业管理者对于马来西亚政府的履约能力的评价相对正面，但中资企业在承包工程项目的方式上仍需进一步转型升级，促进企业的高质量发展。

第 七 章

职业发展与工作环境

　　在"一带一路"建设的推动下，越来越多的中资企业海外项目不断增加，海外市场不断扩大，以节约劳动力成本并提升后续市场潜能为根本目标的中国企业国际化已进入"属地化"管理阶段。[①] 海外项目和公司的属地化管理主要包括经营属地化、采购属地化、文化属地化和人力资源属地化四个方面。其中，人力资源属地化，即企业招聘、培训和使用东道国员工，与中方员工各司其职、相互配合，共同完成项目施工任务，是企业海外项目属地化管理水平和属地化程度最直接的体现。[②]

　　2014 年以来，学术界有关海外中资企业人力资源属地化的探讨明显增多，尤其以来自海外管理一线的实践者对海外项目、企业经验教训的归纳总结居多。涉及的国家包括中东的科威特[③]；非洲的赞比

---

　　① 崔杰：《嵌入性人力资源属地化管理理论模型与应用探索》，《人口与经济》，2015 年第 6 期。

　　② 黄美丽：《中国对外工程承包企业海外人力资源属地化管理思考》，《低碳世界》2018 年第 12 期。

　　③ 王春晓：《浅谈海外项目的人力资源属地化管理——以科威特某项目人力资源管理为例》，《中国有色金属》2018 年第 S1 期。

亚、肯尼亚、尼日利亚、坦桑尼亚、阿尔及利亚、安哥拉[①]；东南亚与南亚的老挝、马来西亚、印度[②]；拉美的秘鲁；等等[③]。这些文章探讨的区域涉及我国"一带一路"沿线的大部分地区。大部分研究认为，"一带一路"沿线地区复杂的地理和人文社会环境给企业管理带来极大的挑战，国外的文化与语言的障碍是实施人力资源属地化管理的原因之一。再加之国内人力资本成本逐步上升，国外法律法规对海外中资企业外派人员的诸多限制，人力资源属地化管理成为当前中资企业国际化的重要内容之一。

但是，当前大部分的研究仍以个案性的经验总结为主，着力于大的方面的探讨，较少涉及比较细致的分析，从当地员工的视角探讨人力资源属地化问题更是凤毛麟角。例如海外中资企业当地雇员都是通过何种渠道招聘过来的？他们的职业发展和劳动权益保障如何？他们的工资条件与家庭收入如何？当前还没有研究试图来回答这些问题。本课题组认为，对这些问题的回答，有助于中资企业了解行业的现

[①]　张磊、袁海厅：《人力资源属地化探索——以中国电建赞比亚下凯富峡水电站项目部为例》，《国际工程与劳务》2019年第2期；程鹏：《海外工程项目人力资源属地化研究——以中交四航局肯尼亚蒙内铁路项目为例》，《建筑经济》2016年第9期；张雪枫：《非洲项目人资属地化的有效路径——以中土尼日利亚阿布贾城铁项目为例》，《施工企业管理》2018年第3期；张辰：《TY公司坦桑尼亚天然气管道投产运行项目人力资源属地化策略研究》，兰州交通大学硕士学位论文，2017年；刘丽芳：《ZD集团阿尔及利亚分公司跨文化管理问题及对策研究》，江西师范大学硕士学位论文，2017年；王正刚：《充分发挥属地化人力资源的优势——以安哥拉罗安达新国际机场航站区I标段项目为例》，《施工企业管理》2018年第3期。

[②]　唐银平：《万象中资企业人力资源本土化现状与对策研究》，云南大学硕士学位论文，2017年；施志鸥：《海外工程人力资源属地化管理的思考——以中交三航局马来西亚DASH高架桥项目为例》，《管理观察》2019年第24期；孙凤顺：《中国建筑企业海外项目融资风险分析——以SD电建在印度为例》，山东财经大学硕士学位论文，2018年。

[③]　高利金：《秘鲁属地化管理工作思考》，《国际工程与劳务》2019年第10期；汤顿、杨谅：《拉美地区国际工程公司属地化管理模式的探讨》，《智能城市》2018年第15期。

状，并可为中资企业人力资源属地化建设提供决策支持。

尽管马来西亚华人众多，但毕竟当地华人身处的国家制度、社会文化、经济发展模式和国内完全不同。课题组在调研过程中，不断听到驻扎马来西亚多年的"老海外"企业负责人透露，近年来一些中资企业看到当地这么多华人，盲目地涌入马来西亚市场，将国内的公司文化、激励制度照搬过来，忽略了当地制度、文化等隐性成本，带来惨重的教训。因此，我们认为，人力资源属地化管理同样存在诸多隐藏在当地制度和文化中的"隐性成本"，只有从当地雇员的视角了解他们的招聘途径、职业发展及劳动权益保障的现状、收入与家庭状况，才能更好地了解人力资源属地化的真实现状，才能了解其真实成本，从而更好地制定发展战略。

本章将从当地雇员的入职状况、劳动权益与保障，以及收入与家庭经济状况三个方面分析马来西亚中资企业当地雇员的职业发展与工作环境。第一节主要分析马来西亚中资企业当地雇员的入职状况，包括他们的入职方式、过往职业经历、当前工作类型等。第二节主要分析马来西亚中资企业当地雇员的劳动权益与保障，包括是否签订劳动合同、职业培训、社会保障、工会参与、工作时间、工资发放及时性等问题。第三节分析马来西亚中资企业当地雇员的个人收入与家庭社会经济地位，通过对比马来西亚职工工资、家庭收入状况，我们能对中资企业海外雇员的经济状况有个大致的定位。

第一节　入职状况

中资企业在海外如何招聘当地员工，是人力资源属地化的第一步。我们的数据是从已经来到中资企业的海外雇员视角出发的，属于已经成功招聘进来的样本。尽管这其中存在选择性偏差，但仍能从"成功者"身上看到如何招聘才能发挥效果。

一　员工的入职方式

如表 7 - 1 所示，超过三分之一的员工通过亲戚朋友介绍获得此工作（35.62%），这说明马来西亚和中国大陆一样，社会资本在求职的过程中仍然发挥着主要作用。[①] 还有 27.23% 的人通过看到招聘广告而来此工作，参加招聘会或通过学校就业中心而来此工作的人所占比例非常低（分别为 3.25% 和 0.68%），这说明当前中资企业在马来西亚招聘时，更多地利用了海外非正式的社会网络而不是招聘会或校园宣讲等正式招聘制度。这种情况也说明，当地中资企业需要招聘熟悉当地社会的人力资源专员，通过当地的社会关系网络将本企业的招聘信息广泛地扩散出去。企业经营者或人力资源部门要注意当地社会关系网络的培育，将网络深入当地不同族群组织的内部。

表 7 - 1　　　　　　　　　　员工获得现工作的主要途径

获得此工作主要途径	频数（个）	百分比（%）
在职业介绍机构登记求职	60	10.27
参加招聘会	19	3.25
通过学校就业中心	4	0.68
看到招聘广告	159	27.23
通过亲戚朋友	208	35.62
直接来企业应聘	63	10.79
雇主直接联系	53	9.08
其他	18	3.08
总计	584	100.00

同时我们还应该看到，作为一个发育成熟的劳动力市场，马来西亚劳动力招聘的政治制度应该是比较成熟的，当前的状况说明在马中

---

① 桂勇、陆德梅、朱国宏：《社会网络、文化制度与求职行为：嵌入问题》，《复旦学报》（社会科学版）2003 年第 3 期。

资企业需要更好地参与当地招聘市场的正式制度，提高招聘的规范程度。

尽管通过亲戚朋友介绍而来此工作的比例最高，但在受访员工中，仅有 8.73% 的员工有家人在本企业工作。这说明大部分人是通过企业外的亲戚朋友提供信息介绍而来，再次说明发挥当地而非本公司的社会网络进行招聘与扩散信息的重要性。如表 7-2 所示，在所有的员工家人在本企业工作的人中，接近九成的人只有一个或两个家人在本企业工作。这种情况间接说明，当地中资企业的人事制度比较正式和完善，招聘流程比较严格，没有发生大量家人在同一企业工作的情况。

表 7-2   员工家人在本企业的数量

有几个家人在本企业	频数	百分比（%）
一个	32	62.75
两个	13	25.49
三个	3	5.88
四个及以上	3	5.88
总计	51	100.00

从员工在当前企业的工作时长来看，绝大多数员工在本企业的工作时长在 3 年及以下（见图 7-1，三年及以下的比例超过 74%），其中工作 2 年的员工所占比例最高，为 74.79%。这种情况有三种解释：第一种解释为当地中资企业进入时间均比较短，因此员工的工作时长均不很长；第二种解释为当地员工对中资企业的认同感不是很强，跳槽比较频繁；第三种解释为马来西亚当地员工普遍跳槽比较频繁。在此没有办法展开详细分析，但从课题组在当地实地走访过程中的经验来看，当前可能是三种原因综合的结果。当前进入马来西亚的中资企业参差不齐，有经营长达 30 多年的央企，也有大量最近几年涌入的小型建筑公司、餐饮企业等。而随着 2018 年大选，马哈蒂尔政府对华政策调整，大量中资企业项目停工整理，员工在这个过程中也有调

整，这些因素一方面导致招收大量新员工；另一方面，一些比较小型的中资企业对当地人来说确实比较陌生、缺乏认同感。

另外，课题组在对当地员工的访问中发现，他们普遍有很多份工作，每份工作的时长普遍较短，并且认为跳槽是很正常的事情。这说明这个现象比较普遍，在他们进入中资企业之前就存在，不仅仅是针对中资企业。这提醒当地的中资企业，一方面要注意培养员工的企业认同感；另一方面要制定比较灵活的用工策略，做好长期招聘的预案。

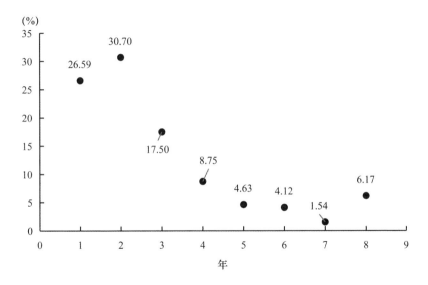

图7-1 员工在当前企业的工作时长分布（N=583）

二 员工在外资企业的就业状况

当问及在进入中资企业之前，是否在其他外资企业工作过时，80.43%的员工表示在其他外资企业工作过。其中，管理人员的比例高于非管理人员，接近三分之一（32.98%），非管理人员在其他外资企业工作过的比例为19.57%（见图7-2）。从"谁选择我们"的角度出发，这说明了尽管马来西亚华人比例较高，中资企业的海外雇员接受中资企业仍需要一个过程，尤其对管理者而言，先需要经过其他外资企业的历练才能胜任中资企业工作。从"我们选择谁"的角度出发，这说明海外中资企业的雇员，尤其是对管理人员的要求比较高，近三分之一需要有其他外资企业的工作经历。

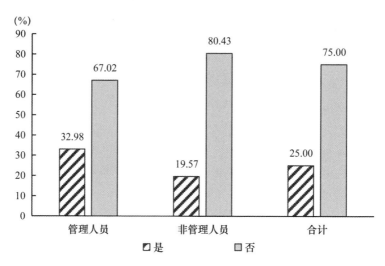

图 7 - 2　管理人员和非管理人员是否在其他外资企业就业分布（N = 464）

从具体在哪些国家的外资企业工作来看，日本企业、美国企业所占比例最高，其次为欧洲企业。除欧美、日韩和印度之外，其他国家的外资企业所占比例为 41.38%，说明马来西亚外资企业来源相当广泛（见表 7 - 3）。

表 7 - 3　管理人员和非管理人员曾在哪些国家或地区的外资企业工作分布（N = 116）

（单位：%）

曾工作过的外资企业所属地	管理人员	非管理人员	合计
美国企业	17.74	27.78	22.41
印度企业	1.61	3.70	2.59
日本企业	24.19	27.78	25.86
韩国企业	9.68	7.41	8.62
欧洲企业	16.13	25.93	20.69
其他国家企业	48.39	33.33	41.38

三　员工的工作类型

我们用日常工作是否需要使用电脑来对体力劳动和脑力劳动做个大致区分。调查发现，女性员工的工作中使用电脑的比例为95.42%，而男性仅为68.01%（见表7-4）。这和我们调研中的总体感觉一致——由于马来中资企业以建筑等大型工程企业为主，男性当地职员除部分技术人员外，大部分为当地建筑工，是典型的体力劳动者。而女性大部分为办公室工作人员，性别区分相当明显。

表7-4　　　　按性别划分的员工日常工作使用电脑状况（$N = 584$）

（单位：%）

日常工作是否使用电脑	男	女
是	68.01	95.42
否	31.99	4.58
总计	100.00	100.00

日常工作是否使用电脑的族群差异同样非常明显，马来人工作中使用电脑的比例为64.06%，印度裔为70%，而马来华人达到92.22%（见表7-5）。这个结果说明，马来西亚中资企业中马来人和印度裔主要从事的是体力性工作，而需要用到电脑的办公室工作则马来华人所占的比例更高。这个结果一方面可能与语言的沟通有关——海外中资企业中大量的办公室工作可能需要懂中文，因此马来华人占有优势。另一方面，可能与马来西亚整个社会层面上的族群关系相关。根据过往的研究，尽管马来西亚长期实施了照顾马来人的政策，但华人在经济上仍然占有优势，产业工人、农民等行业中马来人所占的比例仍然非常高。① 中资企业若要融入当地社会，发展本地化

---

① 林勇：《马来西亚华人与马来人经济地位变化比较研究（1957—2005）》，厦门大学出版社2008年版，第290页。

的用人策略，需要及时掌握马来西亚的族群发展策略，切莫成为助长当地族群分裂的力量而被当地政府所排斥，这种风险需要引起马来海外中资企业的注意。

表7-5　　按族群划分的员工日常工作使用电脑状况（N=581）

（单位：%）

日常工作是否使用电脑	马来人	马来华人	印度裔
是	64.06	92.22	70
否	35.94	7.78	30
总计	总计	100.00	100.00

第二节　劳动权益与保障

2019 年秋天，一部以福耀玻璃厂赴美开厂为原型的《美国工厂》引发了广泛的关注，中美文化的矛盾与冲突、企业运行的种种突发情况，让这部纪录片引发了有关企业文化与当地社会环境的广泛争议。尤其以曹德旺的"工会进来了，我就不做了"引发了众多企业老板如何解决海外工会难题的共鸣。国内外制度和文化差异带来的劳动权益与保障的差别，是每一个企业走出去必须面临的问题，也是"隐性成本"最为集中体现的地方。因此，关注海外当地的劳动权利和保障情况，对于了解企业成本和可能的风险、制定合理的人力资源发展战略具有重大的价值。本节从是否签订劳动合同、培训、职业晋升、工会参与、劳动纠纷的解决方式、社会保障等几个方面分析马来西亚中资企业当地雇员的劳动权益与保障情况。

一　员工的劳动权益

首先是合同签订情况。由于前几年国内建筑行业制度法规不健全，在"包工制"劳动力使用模式下存在大量不签订劳动合同的情况。[1] 马来西亚中资企业尽管以建筑企业为数最多，但总体上签订合同的比例高达82.68%。我们的分析发现，签订合同的比例在男性和女性之间、不同的族群之间不存在明显的差异（见图7-3和图7-4）。这种情况反映出中资企业在马来西亚不能照搬国内的建筑工地用工模式，需要签订合同，提供相应的保障。作为劳动力密集型产业，相关的建筑行业从业企业在进去马来西亚之前，对此需要尤为关注。

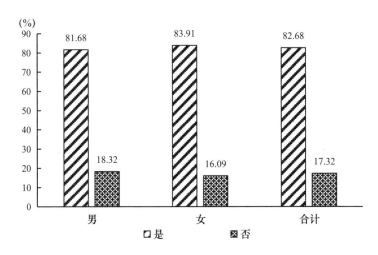

图7-3 按性别划分的员工是否和企业签订劳动合同分布（N=583）

其次，我们发现65.84%的员工在进入企业后进行了培训或进修（见表7-6）。这个数字一方面说明了中资企业的海外雇员需要大量培训才能上岗，实施本地化雇佣战略时需要考虑到培训的成本；另一方面说明海外雇员对技能提升要求较高。过往个案性的研究发现，属

---

[1] 任焰、贾文娟：《建筑行业包工制：农村劳动力使用与城市空间生产的制度逻辑》，《开放时代》2010年第12期；张天潘：《"世界工地"非正规化的悲情》，《南方都市报》2011年12月8日，http://news.ifeng.com/opinion/society/detail_2011_12/18/11401037_0.shtml。

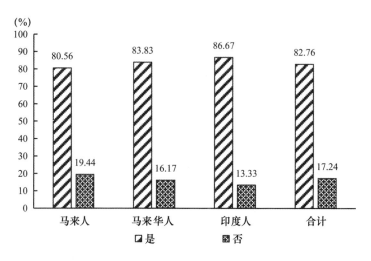

图 7-4 按种族划分的员工是否和企业签订劳动合同分布（$N=580$）

地化的员工工作主动性不强时，单纯靠工资性的激励效果并不明显。属地化的员工希望在一家企业获得的提升，不仅仅是工资的提升，更重要的是能力的提升。企业如果不能提供足够的培训机会和长期的培养计划，将会导致员工的流失。[①]

从具体的培训内容也能看出，安全生产和技能性培训所占的比例最高，其次为人际交往能力、管理技能培训等。令人惊奇的是中文读写的培训所占比例并不高，男性和女性均低于 10%。课题组的调查发现，这可能源于两个原因，一方面马来西亚官方语言为马来语，平时大量使用英语，因此即使是中资企业的普通员工，中文的使用频率不会特别高；另一方面，办公室大量使用马来华人，本身并不需要中文培训。

培训内容的性别差异也比较明显。男性员工的安全生产培训明显高于女性员工，技术性培训的比例也明显高于女性。这种情况可能主要由前文分析的男性与女性的职业性质差异所导致。

---

① 施志鸥：《海外工程人力资源属地化管理的思考——以中交三航局马来西亚 DASH 高架桥项目为例》，《管理观察》2019 年第 24 期。

表 7 - 6　　　　　按性别划分的员工入职后的培训内容 （*N* = 584）

（单位：%）

入职后培训或进修内容	男	女
管理技能	17.08	16.03
人际交往技能	15.22	17.18
写作能力	3.42	3.44
职业道德	10.25	12.98
中文读写	9.94	7.63
英文读写	4.66	5.73
计算机技能	8.07	8.78
技术性技能	33.23	27.48
安全生产	38.20	14.12
其他	3.73	7.63
没有培训	34.16	36.64

　　具体到最近一次的培训内容，如表 7 - 7 所示，所占比例最多的仍然是安全生产的培训与技术性技能培训，但我们可以看到，最近这次培训的内容中，男性的安全生产培训所占比例最大，女性的技术性技能培训所占比例最大。这表明开始工作后，培训内容更加与工作内容直接相关了。

表 7 - 7　　　　按性别划分的员工最近一次的培训内容 （*N* = 378）　　（单位：%）

最近一次培训的内容	男	女
管理技能	15.57	18.07
人际交往技能	12.26	16.87
写作能力	1.89	1.20

续表

最近一次培训的内容	男	女
职业道德	8.02	9.64
中文读写	8.02	6.63
英文读写	1.89	6.02
计算机技能	7.55	8.43
技术性技能	36.79	35.54
安全生产	47.64	19.88
其他	6.13	12.05
没有培训	3.77	3.01

从职业晋升状况来看，当前男性员工中获得过晋升的比例为28.35%，而女性员工中获得过晋升的比例为29.39%（见表7-8）。考虑到前文的分析，当前雇员中工作年限2年或以下的比例为57.29%（见图7-1），可以判断大部分员工获得晋升较为频繁。这也提醒马来的海外中资企业，必须为员工设立较为清晰的职业晋升渠道。

表7-8　　　　按性别划分的员工的职业晋升状况（N=583）　　（单位：%）

进入本企业后是否有职业晋升	男	女
是	28.35	29.39
否	71.65	70.61
总计	100.00	100.00

另外，我们的调查还发现，晋升状况在不同的族群之间几乎没有明显的差异，马来华人的情况稍微好于其他族群，但差距并不明显（见表7-9）。

表 7 - 9　　　　　　按族群划分的员工的职业晋升状况 (*N* = 580)

(单位: %)

进入本企业后是否有职业晋升	马来人	马来华人	印度裔
是	27.19	30.03	26.67
否	72.81	69.97	73.33
总计	100.00	100.00	100.00

工作时间是劳动权益的重要内容。从每周工作时间来看，马来华人工作时间为 5 天及以下所占的比例最高，为 56.16%，马来人为 26.39%，而印度裔为 20% (见图 7 - 5)。这说明了海外中资企业中周末上班的情况比较严重。这个结果可能与海外中资企业比较集中于建筑行业和餐饮行业有关，这两个行业均没有明显的周末与非周末的差异。不过，课题组调研发现，可能没法通过工作时间来体现劳动权益。马来西亚《劳动法》规定，平时加班为 2 倍工资，而公共节假日加班为 3 倍工资，从调查结果来看，绝大部分员工加班能得到应得的工资。而作为中国企业管理者，他们为了降低用工成本会尽量避免加班情况的发生。出现加班情况，实为不得已。因此我们认为，调查体现出来的大量加班情况，实为行业性质导致，并不能说明劳动权益问题。

族群之间在工作时间上的差异可能由于不同的工作类型带来的，如图 7 - 5 所示，马来华人日常工作中使用电脑的比例明显高于其他族群。类似餐饮和建筑业，可能主要是体力劳动者加班，而办公室人员则可以正常休息，但这个判断仍需进一步分析。

按照平均每天工作的时间来分析同样呈现出与上文相同的模式。马来华人每天工作时间为 8 小时及以下的比例最高，达到 67.67%，马来人其次，最低的为印度裔，仅为 43.33% (见图 7 - 6)。

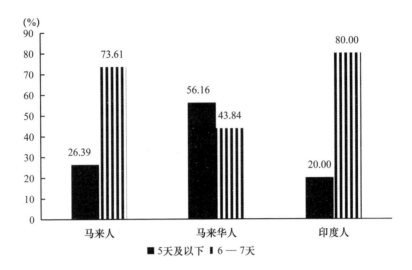

图 7 - 5　按族群划分的上月平均每周工作天数的分布（ N =577）

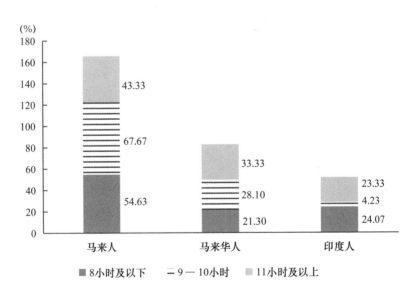

图 7 - 6　按族群划分的上月平均每天工作时间的差异（ N =577）

二　员工的工会加入

马来西亚是一个工会力量比较弱小的国家。早在独立前，英国殖民者就通过《1940 年工会条例》夺走了工会的自主性，工会的成立需要获得政府的承认。独立后的马来西亚政府为了吸引外资一直打压工会，经过多年的压制，今天马来西亚的工会已经非常羸弱。据马来西亚职工总会 2012 年提供的数据，马来西亚职员加入工会的比例仅为 8%。[①]

因此，当我们调查所在的中资企业是否有企业工会时，回答"有"的员工仅为 71 人，所占比例仅为 12%。而当问到本人是否加入企业工会时，71 人中仅有 38.03% 的人回答加入了（见表 7 - 10）。从性别差异来看，男性加入企业工会的比例稍高。

表 7 - 10　　　　　按性别划分的员工加入企业工会状况（N = 71）

（单位：%）

本人是否加入企业工会	男	女	总计
是	40.48	34.48	38.03
否	59.52	65.52	61.97

另外，我们还询问员工是否加入了行业工会，仅有 5.05% 的员工表示加入了行业工会，85.02% 的员工表示没有加入行业工会，而 9.93% 的人表示当地没有行业工会（见表 7 - 11）。在实地调研中，课题组发现，大量员工表示对"行业工会"的具体含义不太清楚，这进一步反映了当地工会非常弱。

---

① 郑至健：《大马还需要工会吗？》，《东方文汇报》2019 年 3 月 31 日，https://www.orientaldaily.com.my/news/wenhui/2019/03/31/284830，2020 年 1 月 15 日。

表 7 - 11　　　　按性别划分的员工加入行业工会状况（N = 574）　　（单位：%）

本人是否加入行业工会	男	女	总计
是	5.68	4.28	5.05
否	82.02	88.72	85.02
当地没有行业工会	12.30	7.00	9.93

管理人员与非管理人员加入行业工会的比例并没有明显差异（见表 7 - 12）。管理人员的比例略高于非管理人员，但加入行业工会的比例都非常低。

表 7 - 12　　　　管理人员与非管理人员加入行业工会状况（N = 572）　　（单位：%）

是否加入行业工会	管理人员	非管理人员
是	7.62	3.59
否	85.71	84.81
当地没有行业工会	6.67	11.60
总计	100.00	100.00

三　员工的劳动纠纷与保障

从工资的给付来看，拖欠工资的比例非常低。选择拖欠工资的非管理人员的比例稍微高于管理人员（见表 7 - 13）。这说明了马来西亚中资企业职工的工资给付非常及时。

表 7 - 13　　　　管理人员与非管理人员工资拖欠状况（N = 577）　　（单位：%）

未结算工资时间	管理人员	非管理人员
超过一个月	0.95	2.19
未拖欠工资/拖欠未超过一个月	99.05	97.81
总计	100.00	100.00

劳动纠纷是企业安全生产的重要内容之一，也是中资企业在海外生产经营过程中最容易遇到的问题之一。及时了解海外员工劳动纠纷解决的方式，对提前预判各类风险并做好应对措施具有重要的价值。调查显示，马来西亚中资企业雇员纠纷解决的主要方式为找企业管理部门投诉，所占比例为65%以上；其次为向劳动监察部门投诉，所占比例为15%左右（见表7-14）。因此，尽管马来西亚工会较弱，但企业的管理部门或劳动监察部门发挥了工会的作用。调查组在访问过程中发现，大部分员工对发生纠纷不是很担心，他们立马想到找这几个部门可以获得支持和帮助。这个结果提醒马来西亚中资企业，一方面要遵守当地的劳工法律和规范；另一方面要注意处理好和当地企业管理部门的关系。

表7-14　　管理人员与非管理人员解决纠纷方式的差异（N=572）

（单位：%）

最有可能采取的解决纠纷方式	管理人员	非管理人员
找企业管理部门投诉	65.22	65.76
找企业工会投诉	6.28	6.30
找行业工会投诉	2.90	3.01
向劳动监察部门投诉	15.94	14.25
独自停工、辞职	3.86	4.38
上网反映情况	0.00	0.27
没有采取任何行动	4.35	4.66
其他	1.45	1.37
总计	100.00	100.00

劳动权益与保障的最后部分，我们分析马来西亚中资企业职工的社会保障情况。调查显示，超过85%的员工享有社会保障（见表7-15），具体的保障类型主要包括医疗保险和养老保险两种，其中医疗保险的比例最高，管理人员占比83.87%，非管理人员占比81.61%（见表7-16）。

表 7 - 15　　管理人员与非管理人员是否享有社会保障（*N* = 571）

（单位：%）

是否享有社会保障	管理人员	非管理人员
是	89.00	85.64
否	11.00	14.36
总计	100.00	100.00

表 7 - 16　　管理人员与非管理人员享有的社会保障类型（*N* = 496）

（单位：%）

享有哪些社会保障	管理人员	非管理人员
医疗保险	83.87	81.61
养老保险	74.19	65.48
其他	9.14	7.10
不清楚	0.54	2.26

第三节　个人收入与家庭社会经济地位

根据马来西亚统计局的数据，2018 年马来西亚人均月收入为 3087 林吉特[①]，尽管这个统计并没有给出中位数，但根据收入一般为右偏分布的特征，收入中位数肯定小于 3087 林吉特。那么，中资企业员工的收入及其家庭社会经济地位如何呢？在马来西亚处于何等水平？

一　员工的个人收入

调查数据显示，中资企业员工的收入中位值大概落在 2801—3400 林吉特之间，且接近 3400 林吉特（见表 7 - 17）。因此，我们判断马

---

① Statista of Malaysia, https：//www. statista. com/statistics/712473/malaysia – average – monthly – salary/，2020 年 3 月 1 日。

来西亚中资企业员工的工资略高于当地的平均工资。这一结果说明，中资企业在当地属于待遇相对较好的单位。

从性别差异来看，男性员工的工资略高于女性，特别是对月收入在4801—6000林吉特之间的高收入群体来说，男性所占比例为27.07%，而女性仅有19.14%。但是对于1500—2100林吉特的低收入群体来说，也是男性的比例高。因此，可以判断，男性的收入差异更大，而女性的收入分布更加均衡。

表7－17　　　　　　按性别划分的员工月收入分布（N=475）

（单位：林吉特、%）

收入 性别	1500—2100	2101—2800	2801—3400	3401—4800	4801—6000
男	18.42	20.30	12.41	21.80	27.07
女	13.88	20.57	22.97	23.44	19.14
总计	16.42	20.42	17.05	22.53	23.58

马来西亚中资企业员工月收入的年龄差异与全世界的状况类似——年龄越大，收入越高。这种差异反映出人力资本、经验、资历的差异。因此，如果中资企业想要在成本较低的情况下雇用马来西亚海外雇员，可以尝试多雇用年轻成员，但可能需要花更多的时间对其进行培训和技能培养。

表7－18　　　　　按年龄组划分的员工月收入分布（N=475）

（单位：林吉特、%）

收入 年龄组	1500—2100	2101—2800	2801—3400	3401—4800	4801—6000
17—25岁	31.16	31.88	22.46	11.59	2.90
26—35岁	12.39	14.68	16.97	31.19	24.77
36岁及以上	6.72	17.65	10.92	19.33	45.38
总计	16.42	20.42	17.05	22.53	23.58

按照族群的收入差异来看，马来华人雇员的收入最高，印度裔其次，马来人的收入最低（见表 7 - 19）。不过这种差异应该在控制职业类型、学历水平、年龄、工作年限等其他因素的情况下才能做出真正的比较，在此不做进一步探讨。

表 7 - 19　　　　　　　按族群划分的员工月收入分布（N = 472）

（单位：林吉特、%）

收入 族群	1500—2100	2101—2800	2801—3400	3401—4800	4801—6000
马来人	29.10	26.98	14.29	19.58	10.05
马来华人	6.98	15.12	20.16	24.81	32.93
印度裔	20.00	24.00	4.00	20.00	32.00
总计	16.53	20.34	16.95	22.46	23.72

从学历差距来看，马来西亚中资企业雇员的收入分布呈现出与全世界一致的模式——学历越高，收入越高。未上过学的员工，其月收入100%为1500—2100林吉特的低收入水平，而硕士及以上学历的员工，仅有3.7%的人收入在1500—2100林吉特之间，有51.85%的人是收入处于4801—6000林吉特之间的高收入群体（见表7 - 20）。这一情况说明人力资本的优势在马来西亚劳动力市场中体现得非常充分，同时也说明了马来西亚劳动力市场发育非常充分。

表 7 - 20　　　　　　　按教育划分的员工月收入分布（N = 475）

（单位：林吉特、%）

收入 最高学历	1500—2100	2101—2800	2801—3400	3401—4800	4801—6000
未上过学	100.00	0.00	0.00	0.00	0.00
小学	33.33	66.67	0.00	0.00	0.00
中学	27.37	28.95	13.68	18.42	11.58
专科/本科	8.76	14.34	20.32	26.29	30.28
硕士及以上	3.70	7.41	14.81	22.22	51.85
总计	16.42	20.42	17.05	22.53	23.58

管理人员的收入明显高于非管理人员。调查显示，管理人员超过45.51%的比例属于4801—6000 林吉特之间的高收入群体，而管理人员仅有11.76%属于这个高收入群体。另外，22.55%的非管理人员属于1500—2100 林吉特收入段，而非管理人员在此低收入段的仅有5.39%（见表7－21）。这个结果说明了管理技能的回报在马来西亚中资企业中体现得比较明显。和学历的回报一样，这也体现了马来西亚的劳动力市场发育比较成熟。

表7－21　　　　　管理人员与非管理人员的月收入差异（N = 473）

（单位：林吉特、%）

是否是管理人员　　　　收入	1500—2100	2101—2800	2801—3400	3401—4800	4801—6000
管理人员	5.39	15.57	12.57	20.96	45.51
非管理人员	22.55	22.55	19.61	23.53	11.76
总计	16.49	20.08	17.12	22.62	23.68

二　员工的家庭社会经济地位

了解员工的家庭收入同样非常重要，通过与当地平均家庭收入的对比能够了解中资企业在当地能够招聘到何种收入群体的员工。根据2016 年马来西亚收入统计部门的分析，马来华人家庭月收入平均值为8750 林吉特，年收入平均值可测算为105000 林吉特；印度裔家庭月收入平均值为7150 林吉特，年收入平均值可测算为85800 林吉特；马来人家庭月收入平均值为6267 林吉特，年收入平均值可测算为75204 林吉特。[①] 而我们调查的中资企业海外雇员各族群的收入如图7－7所示。可以看到马来人雇员的家庭收入中位值在54001—94800 林吉特之间；马来华人雇员的家庭收入中位值在94801—153600 林吉特之间；印度裔雇员的家庭收入中位值在

---

① Statista of Malaysia，https：//www. statista. com/statistics/856659/malaysia – average – monthly – household – income – by – ethnic – group/，最后浏览日期：2020 年1 月20 日。

54001—94800 林吉特之间。由于收入普遍为右偏分布，中位值一般小于均值，我们由此估计中资企业海外华人雇员的家庭收入与全国平均水平持平或高于全国平均水平。

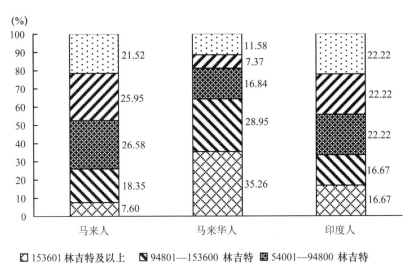

图 7-7　按族群划分的员工家庭年收入分布（$N=366$）

尽管这种比较还比较粗浅，但这一比较结果和前文雇员月收入的比较类似，中资企业海外雇员普遍来自当地中等收入或以上的家庭。考虑到海外中资企业大部分为建筑、工程、餐饮等劳动力密集型产业，这些产业在国内大量雇用较为廉价的劳动力而获得优势。但在马来西亚，情况可能发生了变化。课题组的调研发现，劳动力问题一直是马来西亚市场的重点问题之一。马来西亚由于比中国早发展大概20年时间，当地劳动力普遍无法接受繁重的体力劳动，大量的体力劳动者通过印度尼西亚、孟加拉国、缅甸等国的劳工来解决。在劳动力密集的建筑行业，我们也调查到中资企业大量使用这些国家劳工的情况。这可能是中资企业适应当地状况做出的调整，但如何雇用国外的劳工，使用过程中如何解决语言沟通、劳动争议、工资发放方式等问题，需要中资企业不断适应当地的法律法规，摸索和总结经验。

我们同时让员工对入职本企业时的社会经济地位以及当前的社会经济地位进行评分。马来华人和印度裔普遍认为入职中资企业后家庭社会经济地位得到了提高。很有意思的是，马来人入职本企业时的家庭社会经济地位评分高于当前的社会经济地位，也就是说入职以来他们的家庭社会经济地位降低了。这个结果一方面说明了中资企业中马来人的收入普遍比较低；另一方面可能说明了对于马来人来说，中资企业的工作不是一份好工作，他们对中资企业并不太认同。和前面的结果一样，这个结果提醒马来西亚的海外中资企业，需要注意当地社会的种族问题。

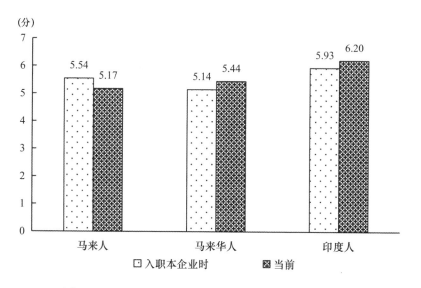

图7-8　按族群划分的员工家庭社会经济地位自评均值

三　员工家庭耐用消费品拥有状况

由于家庭收入在马来西亚社会是较为敏感的问题，有近百位受访者拒绝回答，我们通过测量家庭耐用消费品的方式间接了解家庭状况，结果却让课题组比较吃惊。绝大部分马来西亚家庭拥有汽车、电视、摩托车、手机和冰箱等家庭耐用消费品，且族群之间的差距并不明显（见表7-22）。汽车拥有量方面，马来华人的比例略高于其他族群，摩托车的拥有量方面，马来人和印度裔家庭占比比较高。

表7-22　　　　　按种族划分的家庭耐用消费品拥有率（$N=581$）　　　（单位：%）

族群	汽车	电视	摩托车	手机	冰箱
马来人	91.24	95.39	81.11	99.54	96.77
马来华人	97.31	96.71	31.14	99.7	99.10
印度裔	90.00	100.00	66.67	100.00	100.00
总计	94.66	96.39	51.64	99.66	98.28

按照受教育程度来区分不同家庭的耐用消费品拥有量，我们发现，差异同样不是很明显（见表7-23）。我们认为这种差距可能需要控制年龄、族群、家庭结构与家庭规模等变量之后才能更加显著。

表7-23　　　　　按教育划分的家庭耐用消费品拥有率（$N=584$）　　　（单位：%）

最高学历	汽车	电视	摩托车	手机	冰箱
未上过学	100.00	100.00	100.00	100.00	100.00
小学	77.78	88.89	44.44	100.00	100.00
中学	90.74	95.37	68.52	99.54	97.69
专科/本科	96.58	97.20	43.17	99.69	98.45
硕士及以上	97.22	97.22	27.78	100.00	100.00
总计	94.18	96.40	51.71	99.66	98.29

按照个人月收入来区分不同家庭的耐用消费品拥有量的差异，同样不是很明显（见表7-24）。唯一的差异在于，我们可以大致判断个人月收入越高，家庭汽车的拥有比例越高，但差距依然不是很大。从表7-22至表7-24的分析可以看出，马来西亚家庭的家庭耐用消费品的拥有量普遍较高，且群体之间的差异都非常小。这种情况和国内建筑行业、餐饮行业的状况可能完全不同，国内这些行业的工人大

部分仍处在不断积累的阶段，工作的动力很高，且能够为了赚钱忍受加班、严酷的工作环境。但这与马来西亚的就业文化有很大差别，国内"走出去"的中资企业必须意识到这个问题。

表7-24　　按个人月收入划分的家庭耐用消费品拥有率（N = 475）

（单位：林吉特、%）

月收入	汽车	电视	摩托车	手机	冰箱
1500—2100	91.03	93.59	74.36	100.00	97.44
2101—2800	93.81	97.94	69.07	100.00	98.97
2801—3400	93.83	96.30	59.26	98.77	96.30
3401—4800	99.07	97.20	54.21	100.00	98.13
4801—6000	95.54	96.43	28.57	100.00	100.00
总计	94.95	96.42	55.37	99.79	98.32

最后，我们通过询问马来西亚家庭耐用消费品的原产国来了解各国商品对马来西亚的影响。调查发现，马来西亚雇员家庭的汽车以本国产的汽车为主，选择比例为68.73%，其次比例较高的为日本产汽车，所占比例为49.45%（见图7-9）。

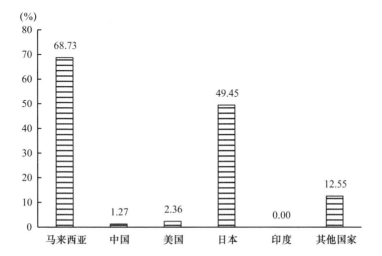

图7-9　家庭拥有轿车/吉普车/面包车的原产国分布（N = 550）

马来西亚雇员家庭的电视机以日本品牌为主，所占比例高达50.62%，其次是其他国家的品牌（见图7-10）。课题组在调研中发现，大部分家庭回答电视机品牌时，日本品牌松下和索尼是出现频率最高的两个。

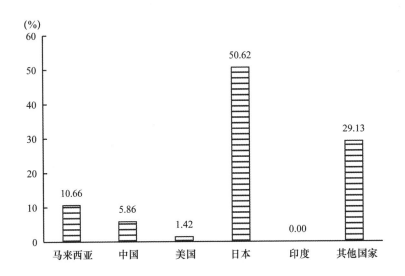

图7-10　家庭拥有彩色或黑白电视的原产国百分比分布（N=563）

马来西亚雇员家庭的摩托车同样以日本品牌为主，所占比例高达70.86%，其次是马来西亚本国的品牌（见图7-11）。课题组在调研中发现，日本品牌本田、铃木和雅马哈出现的频率最高。

马来西亚雇员家庭的移动电话以中国品牌为主，所占比例高达70.79%，其次为美国品牌，所占比例为45.36%（见图7-12）。课题组在调研走访中发现，中国手机品牌华为、小米、OPPO 和 VIVO在当地经常能见到，深受当地人的青睐。

马来西亚雇员家庭的冰箱以日本品牌为主，所占比例为56.45%，其次为其他国家品牌（见图7-12）。

从图7-9至图7-13的家庭耐用消费品来源国分析，我们发现日本品牌在马来西亚社会的认可度非常高。课题组在马来西亚调研期

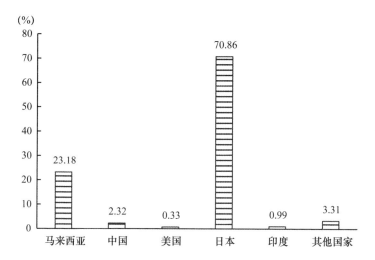

图7-11　家庭拥有滑板车/摩托车/轻便摩托车的原产国百分比分布（N = 302）

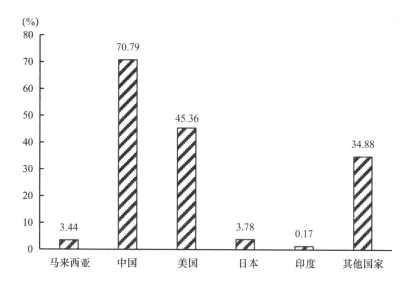

图7-12　家庭拥有移动电话的原产国百分比分布（N = 582）

间发现，优衣库、无印良品、全家（Family Mart）等日本品牌同样在马来西亚深受欢迎。这一方面与日本人务实的作风、扎实的产品质量、长期的经营有关，同时也是日本"软实力"的投射。作为追赶者的中资企业，日本企业是我国企业学习的榜样。

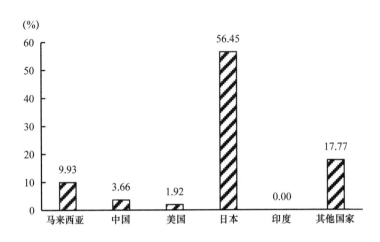

图 7-13　家庭拥有冰箱的原产国百分比分布（N = 574）

小　结

本章从中资企业本地化雇佣的视角出发，通过对马来西亚中资企业员工的职业发展和工作环境进行系统分析，有如下几点主要结论。

首先，大部分员工通过非正式的途径招聘而来，且 74.79% 以上的员工在本企业的工作时长低于三年。有 80.43% 的员工在其他外资企业工作过。其中管理人员的比例更高，接近 32.98%。同时，需要用到电脑的办公室工作则马来华人所占的比例更高。面对当地雇员频繁的跳槽行为，人力资源部门要注重建立较为灵活的用工制度和策略，建立长期的、清晰的职业晋升渠道也是可能的应对策略。

其次，从劳动权益与保障方面的分析来看，当地劳动力市场发育较为成熟规范。即使我们调查的中资企业以建筑业、工程和餐饮为主，但绝大多数员工都签订了劳动合同。企业需要提供医疗和养老保险，不拖欠工资，且有较为长期的培训计划。加班普遍需要支付双倍或三倍的加班工资。这些都是隐藏在当地制度和文化中的"隐性成本"，企业在制定本地化雇佣战略时必须考虑到这些因素并做出调整。

再次，尽管在是否签订合同、是否获得过晋升等方面不同族群的员工几乎没有差异，但在工作类型、加班时间、工资收入等方面，马来员工情况最差，这导致马来员工对中资企业的认同比较低，甚至认为当前家庭社会经济地位比刚入职中资企业时更低。这表明中资企业在优质岗位招聘时，需增加一定比例的马来员工，同时更加重视马来员工对中资企业的认同。

最后，中资企业提供的工资收入略高于当地平均水平，绝大部分马来西亚家庭拥有汽车、电视、摩托车、手机和冰箱等家庭耐用消费品，且以日本品牌最为普遍。这表明作为追赶者的中资企业，日本企业是我们学习的榜样。

第 八 章

社会交往与企业评价

现代企业柔性管理和刚性管理相结合是大势所趋，而柔性管理是管理的血肉，本质是以人为本，强调方法上的非强制性，更易受到员工的认可和欢迎。[①] 柔性管理的前提是了解员工对企业各方面的态度，然后根据员工的态度对企业管理进行改善以增进企业凝聚力、提高企业工作效率、促使企业良好发展。员工的态度是多维度的，不仅包括员工和其他员工融洽与否，也包括员工对企业的作息时间喜欢与否，同时涵盖员工对企业的晋升制度认可与否等。由于越来越多的海外中资企业实行属地化管理，对东道国员工企业评价的关注有助于扎根当地，融入当地。

本章主要涵盖马来西亚员工的社会交往与企业评价两部分内容。第一节主要介绍马来西亚员工的社会交往状况；第二节主要描述和分析马来西亚员工对所在中资企业的评价；第三节则考察马来西亚员工和管理层对中资企业社会责任履行的认知程度。

第一节　社会交往与社会距离

企业作为社会经济的基本细胞，是社会经济文化发展的主要推动

---

① 司江伟：《20 世纪刚性管理与柔性管理发展的对比》，《科学管理研究》2003 年第 1 期。

力量，是经济全球化的具体执行者。关注企业内部员工的社会交往及其对企业的认可与否是了解一个企业发展状况的重要指标。

一　员工感知的社会距离

亚里士多德在其著作《政治学》中表示"人在本性上，是一个社会性的动物"，"凡隔离社会离群索居的人，他如果不是一只神兽，那就是一位神祇"。① 马克思在 1846 年 12 月 28 日致帕·瓦·安年科夫的信中也曾表示"社会是人们交互活动的产物"。② 在当代学术界，研究者使用社会距离概念来进一步分析人与人之间的互动关系。社会距离是指内群体感知到的与外群体之间的心理距离，而这个心理距离是通过内外群体之间的社会交往体现出来的。本调查采用修订后的博格达斯量表来测量马来西亚员工的社会交往状况。③ 图 8 - 1 表明，除印度外，其他三国民众的被接纳程度百分比基本呈依次递减，这表明修订后的量表依然有良好的效度。

调查数据显示，马来西亚员工对美国、中国、日本和印度四国民众的接纳程度存在着差别。马来西亚员工更倾向于与中国人、美国人和日本人结婚，与印度裔成为朋友，其中愿意与中国人成为伴侣的员工比愿意与美国人成为伴侣的员工高 15.19 个百分点，比愿意与日本人成为伴侣的员工高 18.11 个百分点。这表明马来西亚员工与中国人

---

① ［古希腊］亚里士多德：《政治学》，吴寿彭译，商务印书馆 1997 年版。

② 《马克思恩格斯选集》第 2 版第 4 卷，中共中央马克思恩格斯列宁斯大林著作编译局编译，人民出版社 1995 年版，第 532 页。

③ 最初的社会距离量表用于测量美国社会不同种族之间的社会距离，包含 7 个问题：（1）愿意与其通婚；（2）愿意让其参加本社团的活动；（3）愿意让其成为邻居；（4）愿意让其成为同事；（5）愿意让其成为美国公民；（6）愿意让其成为美国游客；（7）不愿意让其与美国发生任何接触。参见卢国显《中西方社会距离的研究综述》，《学海》2005 年第 5 期。考虑到量表的适用性，将其调整为：（1）愿意与其通婚；（2）愿意与其成为朋友；（3）愿意让其成为邻居；（4）愿意让其成为同事；（5）愿意与其成为点头之交；（6）愿意与其生活在同一城市；（7）拒绝其来我们国家。

的社会距离最近，其次是美国人，再次是日本人，与印度裔的社会距离最远。

事实上，作为马来西亚三大族群之一的马来华人与中国人有着天然的血脉关系，有着共同的语言和文化传统。而此次调查对象为马来西亚的中资企业，员工以马来华人居多，在样本中占比超过一半（57.37%）。因此得到马来西亚员工与中国人社会距离最近的结果。应当注意的是，虽说马来华人和马来西亚印度裔同为马来西亚三大族群之一，但通婚意愿较低，这与彼此之间截然不同的风俗习惯、生活方式、文化传统等有关，因此马来西亚员工与印度裔社会距离最远。

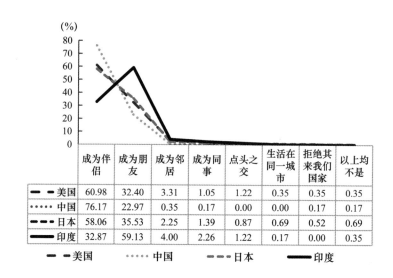

	成为伴侣	成为朋友	成为邻居	成为同事	点头之交	生活在同一城市	拒绝其来我们国家	以上均不是
美国	60.98	32.40	3.31	1.05	1.22	0.35	0.35	0.35
中国	76.17	22.97	0.35	0.17	0.00	0.00	0.17	0.17
日本	58.06	35.53	2.25	1.39	0.87	0.69	0.52	0.69
印度	32.87	59.13	4.00	2.26	1.22	0.17	0.00	0.35

图 8 - 1　员工与中美印日四国民众的社会距离分布

（美国 N=574；中国 N=579；日本 N=577；印度 N=575）

二　员工的社会交往

为了更具体地描述马来西亚员工的社会交往状况，我们分别从性别与族群、企业内与企业外来分析其中国朋友数量差异。表 8-1 和表 8-2 主要从性别来描述马来西亚员工在企业内外拥有的中国朋友数量差异。从表 8 - 1 可以看出，在所任职的企业当中，每位男性员工平均有 8.96 个中国朋友，而女性员工拥有 9.35 个，两者之间差别较小；其次，在所任职企业中，男性员工拥有的中国朋友数量最大值远超女性员工拥有的中国朋友数量最大值，结合标准差可以推测，在所调查样本当中，男性员工在本企业中拥有的中国朋友数量波动较大。

表 8 - 1　　按性别划分的员工在企业内拥有的中国朋友数量差异　（单位：个）

性别	样本量	均值	标准差	最小值	最大值
男	320	8.96	17.34	0	250
女	260	9.35	15.10	0	150

从表 8 - 2 可以看出，在所任职企业外，每位男性员工平均有 9.86 个中国朋友，而女性员工拥有 8.03 个，男性员工的企业外朋友数明显更多；其次，在所任职企业外，男性员工拥有的中国朋友数量最大值、最小值和女性员工拥有的中国朋友数量最大值、最小值均相同，而标准差男性员工明显高于女性员工，这也反映出男性员工在企业外拥有的中国朋友数量比女性员工拥有的中国朋友数量波动大得多。

表 8 - 2　　按性别划分的员工在企业外拥有的中国朋友数量差异　（单位：个）

性别	样本量	均值	标准差	最小值	最大值
男	319	9.86	57.94	0	300
女	261	8.03	29.29	0	300

将表 8 - 1 和表 8 - 2 结合来看，马来西亚员工在企业内外拥有的中国朋友数量存在着性别差异。在企业内部，男性员工和女性员

工拥有的中国朋友数量差别不大，女性略高于男性，可能与两者处于同样的企业环境相关；而在企业外，男性员工拥有的朋友数量比女性多接近 2 个，这可能与男性交友广阔的性格有关。对比来看，马来西亚男性员工在企业外拥有的中国朋友比企业内多接近 1 个，而马来西亚女性员工则是企业内拥有的中国朋友比企业外多超过 1 个，我们推测，马来西亚企业内外均有着良好的华语文化氛围，而男性友谊的建立相比女性友谊的建立更直接，有更低的时间成本和交流成本；女性友谊的建立更依赖于亲密的互动与陪伴，需要更高的时间成本与交流成本，从而造成了男性和女性在企业内外拥有的中国朋友的数量差异。

表 8－3 和表 8－4 描述了按族群划分的马来西亚员工在企业内外拥有的中国朋友数量差异。在所任职的企业当中，平均每个马来人员工与马来华人员工拥有的中国朋友数量相差不大，平均每个印度裔员工拥有的中国朋友最多，高达 14.46 个，分别是马来人员工（8.95个）的 1.62 倍，华人员工（8.83 个）的 1.64 倍（见表 8－3）。

表 8－3　　　　按族群划分的员工在企业内拥有的中国朋友数量差异　　（单位：个）

族群	样本量	均值	标准差	最小值	最大值
马来人	216	8.95	19.01	0	150
马来华人	331	8.83	14.00	0	150
印度裔	30	14.46	19.94	0	150

表 8－4 可以看出，在所任职的企业外，平均每个马来人员工拥有的中国朋友最少，仅为 6.75 个，平均每个印度裔员工拥有的中国朋友依然最多，高达 26.03 个，分别是马来人员工的（6.75 个）3.86 倍，华人员工（9 个）的 2.89 倍。

表 8 – 4　　　　按族群划分的员工在企业外拥有的中国朋友数量差异　　（单位：个）

族群	样本量	均值	标准差	最小值	最大值
马来人	216	6.75	18.11	0	150
马来华人	331	9.00	58.51	0	250
印度裔	30	26.03	51.69	0	250

将表 8 – 3 和表 8 – 4 结合来看，除马来员工外，平均每位华人员工和印度裔员工企业外的中国朋友数量都比企业内多，其中华人员工企业内外拥有的中国朋友数量均值仅相差 0.17 个，印度裔员工企业外拥有的中国朋友数量是企业内的 1.8 倍，这说明华人员工在企业内外所拥有的中国朋友数量几乎没有差别，他们结交朋友的态度和意向在企业内外是一致的。且印度裔员工很乐意和中国人做朋友，他们所拥有的中国朋友数量无论在企业内还是企业外都比有着天然语言、文化优势的华人员工高，反映出印度裔员工对中国人有着良好的印象，并乐意亲近中国人。

将表 8 – 3、表 8 – 4 的分析结果与图 8 – 1 反映出的社会距离结合来看，我们发现以华人为多数的马来西亚员工与印度裔社会距离最远，结为伴侣的意愿不高，但是成为朋友的意愿较高，而印度裔员工在企业内外都乐意和与马来华人有着类似语言和文化的中国人做朋友。换言之，马来印度裔和马来华人都倾向于仅将对方视为朋友，而不愿建立更亲密的关系。

第二节　企业评价

员工对企业的评价代表了其对企业的接纳程度和认可程度，是衡量企业内部制度章程合理与否的重要参考。身处企业内部的员工不仅能深入了解企业产品质量、生产经营等硬实力，也能主观感受到企业文化、员工福利、企业管理等软实力，对企业形成一个综合的认识和评价。本节从族群角度来描述员工对企业尊重本地风俗习惯、尊重个人宗教信仰、喜欢企业工作时间作息、中外员工晋升一致四个问题的看法。

表8-5描述了马来西亚三大族群——马来人、马来华人和印度裔员工对"本企业是否尊重本地风俗习惯"的评价。总体而言，有近八成（78.34%）的员工表示同意"本企业尊重本地风俗习惯"这一说法，近两成（18.72%）的人态度中立，仅有2.95%的员工否认这一观点。分族群来看，三大族群中表示"不同意"和"完全不同意"的主要是马来员工，占比为3.7%；马来华人员工次之，占比为1.81%，而印度裔员工则没有表示不同意。这表明中资企业应该进一步了解当地民众的文化和风俗习惯，提高员工人数占比最高的马来员工在此方面的满意度。

表8-5 按族群划分的是否同意"本企业尊重本地风俗习惯"（N = 577）

（单位：%）

族群	完全不同意	不同意	一般	基本同意	完全同意
马来人	0.00	3.70	17.13	52.31	26.85
马来华人	0.90	1.81	19.58	53.92	23.80
印度裔	0.00	0.00	20.69	31.03	48.28
总计	0.52	2.43	18.72	52.17	26.17

同样，从表8-6来看，在是否同意"本企业尊重我的宗教信仰"的回答方面，有85.52%的人表示同意，13.79%的人态度中立，仅有0.69%的人不同意。这表明中资企业在尊重员工的宗教信仰方面表现良好，族群之间对"本企业尊重我的宗教信仰"这一说法的态度差别不大。

表8-6　按族群划分的是否同意"本企业尊重我的宗教信仰"（N=573）

（单位：%）

族群	完全不同意	不同意	一般	基本同意	完全同意
马来人	0.00	0.93	9.26	47.69	42.13
华人	0.31	0.31	16.82	51.38	31.19
印度裔	0.00	0.00	13.33	30.00	56.67
总计	0.17	0.52	13.79	48.87	36.65

　　表8-7反映的是不同族群员工对于是否同意"喜欢本企业工作时间作息"的回答。总体上来看，有接近七成（66.61%）的员工对本企业的工作时间较为满意，24.61%的员工则持中立态度，但仍有不到一成（8.78%）的人表示不满意。但比较意外的是，持"完全不同意"和"不同意"态度的员工中，马来华人员工的占比最高，为10.18%，高于马来人员工2.35个百分点，而印度裔员工则没有表示不同意。我们推测有可能是因为印度裔在马来西亚政治经济地位和受教育程度较低，主要从事较为低端的职业，易获得满足。而中资企业占比最高的是华人，他们在企业中话语权更多，更容易流露出对企业的工时制度的不满。

表8-7　按族群划分的是否同意"喜欢本企业工作时间作息"（N=581）

（单位：%）

族群	完全不同意	不同意	一般	基本同意	完全同意
马来人	0.00	7.83	17.97	49.31	24.88
华人	1.80	8.38	29.64	44.31	15.87
印度裔	0.00	0.00	16.67	40.00	43.33
总计	1.03	7.75	24.61	45.96	20.65

表8-8描述了三大族群的员工对是否同意"中外员工晋升制度一致"的回答。从中可以看出，仅有35.07%的员工同意该观点，而不同意该观点的员工占比竟高达33.47%。分族群来看，马来华人员工更不同意"中外员工晋升制度一致"这一观点，占比为37.93%；马来人员工次之，占比为28.57%；印度裔员工持"不同意"观点的占比为18.52%。我们推测一方面是因为中方员工更熟悉中资企业管理和经营方式；另一方面外派的中方员工相对受教育程度较高，工作稳定性较强，在长期的外派工作中积累了相应的工作能力和管理经验，所以更容易受到提拔。

表8-8　按族群划分的是否同意"中外员工晋升制度一致"（$N=499$）

（单位：%）

族群	完全不同意	不同意	一般	基本同意	完全同意
马来人	1.65	26.92	35.16	28.57	7.69
华人	5.52	32.41	28.28	25.52	8.28
印度裔	0.00	18.52	40.74	22.22	18.52
总计	3.81	29.66	31.46	26.45	8.62

综上，大多数员工在"本企业尊重本地风俗习惯""本企业尊重我的宗教信仰""喜欢本企业工作时间作息"三个问题上对企业的认可度很高。

第三节　企业社会责任认知

本节主要关注马来西亚员工对所在企业的社会责任履行认知。企业社会责任类别分为以钱或实物形式进行公益慈善捐赠、培训项目援助、教育援助、文体交流活动和基础设施援助等11个指标。

一　对企业社会责任履行的认知

表8-9反映了受访员工对企业社会责任履行的认知状况。有45.89%的员工明确表示所在企业有以钱或实物的形式进行公益慈善捐赠,在所有援助项目类别中占比最高;其次为培训项目援助,认为有的员工占38.18%,比前者低7.71个百分点;再次为以文体交流活动的形式展开援助,认为有的员工有33.73%,教育援助紧跟其后,认为有的员工占32.53%,两者仅相差1.2个百分点;为本地修建水利设施、电力设施和修建寺院的援助,回答有的员工均不足20%,其中修建寺院最低,明确表示有的员工仅有13.36%。此外,仍有约三分之一的员工对本企业在本地履行社会责任的情况表示不清楚。

作为"亚洲四小虎"之一的马来西亚,经济在20世纪90年代突飞猛进,之后虽易受国际市场影响,但经济整体表现良好,基本电力设施、水利设施和基础设施相对完善,且修建电力设施、水利设施和基础设施通常需要企业有较高的财力和技术,因此较少中资企业选择这些援助项目来履行企业社会责任,自然认为有的员工比例就不会很高。

表8-9　　员工对本企业的本地社会责任履行的认知状况 (N=584)

(单位:%)

援助项目类别	有	没有	不清楚	总计
教育援助	32.53	32.19	35.27	100.00
培训项目援助	38.18	35.96	25.86	100.00
卫生援助	27.57	39.55	32.88	100.00
基础设施援助	29.62	39.21	31.16	100.00
修建寺院	13.36	51.71	34.93	100.00
水利设施	19.69	46.23	34.08	100.00
电力设施	16.44	47.09	36.47	100.00
文化体育设施	20.38	43.15	36.47	100.00
文体交流活动	33.73	33.05	33.22	100.00
社会服务设施	30.53	34.65	34.82	100.00
以钱或实物形式进行公益慈善捐赠	45.89	19.18	34.93	100.00

表 8 - 10 反映了企业中管理人员与非管理人员对本企业在马来西亚履行社会责任的认知差异。整体来看，企业的管理人员对企业是否履行社会责任有更清楚的认知，这与管理层自身能接触更多的企业信息、承担更多的企业事务有关。其次，无论是管理人员还是非管理人员，都认为企业以钱或实物的形式公益慈善捐赠的形式为主，占比分别为 46.48% 和 45.8%。二者都认为占比最低的援助项目均为修建寺院，占比分别为 13.62% 和 13.28%。需要注意的是，管理人员和非管理人员回答有的员工占比差异最大的援助项目为教育援助，两者相差 8.49 个百分点。

表 8 - 10　　　　　管理人员与非管理人员对本企业的本地社会
责任履行的认知差异（$N = 582$）　　　　（单位：%）

援助类型		管理人员	非管理人员	合计
教育援助	有	38.03	29.54	32.65
	没有	34.27	30.89	32.13
	不清楚	27.70	39.57	35.22
培训项目援助	有	42.72	35.50	38.14
	没有	39.44	33.88	35.91
	不清楚	17.84	30.62	25.95
卫生援助	有	28.17	27.10	27.49
	没有	44.60	36.86	39.69
	不清楚	27.23	36.04	32.82
基础设施援助	有	31.92	28.46	29.73
	没有	44.60	35.77	39.00
	不清楚	23.47	35.77	31.27
修建寺院	有	13.62	13.28	13.40
	没有	58.69	47.43	51.55
	不清楚	27.70	39.30	35.05

续表

援助类型		管理人员	非管理人员	合计
水利设施	有	20.66	19.24	19.76
	没有	53.52	41.73	46.05
	不清楚	25.82	39.02	34.19
电力设施	有	16.43	16.53	16.49
	没有	53.99	42.82	46.91
	不清楚	29.58	40.65	36.60
文化体育设施	有	25.35	17.62	20.45
	没有	44.60	42.01	42.96
	不清楚	30.05	40.38	36.60
文体交流活动	有	37.56	31.44	33.68
	没有	34.74	32.25	33.16
	不清楚	27.70	36.31	33.16
社会服务设施	有	31.92	29.89	30.64
	没有	40.38	31.52	34.77
	不清楚	27.70	38.59	34.60
以钱或实物形式公益慈善捐赠	有	46.48	45.80	46.05
	没有	21.60	17.89	19.24
	不清楚	31.92	36.31	34.71

二 对企业社会责任履行的期待

图 8 - 2 展示了员工最希望本企业在本地履行社会责任的分布情况，其中有超过六成（65.07%）的员工最希望本企业在本地开展教育援助，反映出多数马来西亚员工比较重视教育。超过四成（44.01%）的员工最希望本企业在本地开展培训项目援助，提高其专业技能。近四成（39.21%）的员工最希望本企业在本地开展卫生援助。选择剩余项目的员工占比均不足 30%，其中仅有 5.48% 员工最希望本企业在本地修建寺院，占比最低。

将表 8 - 9 和图 8 - 2 结合来看，我们发现中资企业实际履行社会责任的项目与受访员工的期许项目虽有差异，但差异不大。比如说员

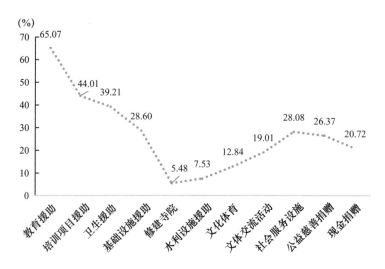

图 8 - 2　员工最希望本企业在本地开展的社会责任履行分布（ *N* =584）

工最希望本企业开展的项目前三位分别为教育援助、培训项目援助和卫生援助，而在实际履行中企业员工表示有的援助项目中教育项目和培训项目的占比分别为第四位和第二位。这也揭示出在马中资企业应丰富企业社会责任履行内容，多关注教育、培训尤其是医疗卫生援助。一方面更贴近马来西亚员工生活和工作需求；另一方面也能加强马来西亚员工对中资企业的好印象，推动两国之间的民心相通。

小　结

本章通过考察马来西亚员工的社会交往与企业评价，得出以下主要结论。

首先，通过社会距离量表分析得出，马来西亚员工与中国人的社会距离最近，之后是美国人、日本人，与印度裔社会距离最远。其原因与中资企业雇佣的员工以马来华人为主密切相关。因为相比马来人和其他族裔，马来华人与中国人同宗同源，具备通晓汉语和英语的语言优势，易于接受中国文化，也更容易适应中资企业的企业文化。

其次，企业员工与中国人的社会交往状况良好。男性员工与女性员工在企业内的中国朋友数大致相当，但在企业外男性员工与中国人社会交往更为频繁。除马来员工外，平均每位华人员工和印度裔员工企业外的中国朋友数量都比企业内多。

再次，大多数员工对企业尊重本地风俗习惯、宗教信仰和工作时间规定的认可度都很高。但在是否同意"中外员工晋升制度一致"方面的评价差异较大，相比华人员工，马来员工和印度裔员工更认同"中外员工晋升制度一致"。

此外，企业对社会责任履行的内部宣传仍显不足。仍有约三分之一的员工不清楚本企业在本地履行社会责任的情况，同时非管理人员对企业是否履行社会责任的认知状况较差。

最后，员工最希望本企业在当地履行社会责任前三项分别是教育、培训和卫生援助。中资企业在今后的社会责任履行中应该密切关注当地员工的需求，以更有效地履行企业社会责任和融入当地社区。另外也能提升中资企业的企业形象，推动两国之间的民心相通。

第 九 章

媒体接触与文化消费

讲好"中国故事",需要通过恰当的媒介来实现。在当今时代,公众借助各类媒体的信息获取与分享行为日益增多——从传统的图书报刊到互联网与移动互联网的高速发展,从传统的文艺演出到影视音乐文化产品的输出,都成为在世界传播中国声音的重要途径。与此同时,中资企业也承担着对外传播、民间外交的重要使命,中国的产品与品牌的传播也是中国企业在海外形象与影响力的重要体现。

据马来西亚企业发展部部长礼端尤索夫所言,马来西亚是东南亚网络及移动手机信号普及率最高的国家,在 2018 年分别达到 85.7%和 40%。① 另外,马来西亚除了主流的马来本地媒体之外,得益于完整的华文教育,在专门针对华人的华文媒体(如《中国报》《星洲日报》)也拥有大量的基础受众,平均每个月有 500 万名读者进入星洲网获取免费的资讯。② 在影视娱乐文化产品的消费方面也受到欧美、日本、中国等国家的多元影响。所以通过考察马来西亚员工的媒体接触与文化消费,有助于我们了解当地民众的信息接收方式,更有助于在马来西亚传递中国声音、传播中华文化、讲好中国故事、塑造中国

---

① 《马企业发展部长:马来西亚网络普及率领先东盟各国》,商务部网站,2018 年 9 月 25 日,http://www.mofcom.gov.cn/article/i/jyjl/j/201809/20180902790241.shtml,最后浏览日期:2019 年 12 月 5 日。

② 朱敏婕:《新媒体时代海外华文报业的发展——以马来西亚星洲媒体集团为例》,《青年记者》2018 年第 36 期。

形象。

　　本章主要考察马来西亚员工的媒体接触与文化消费情况。第一节分析马来西亚员工媒体接触的情况，以性别、年龄、族群为变量，比较员工手机联网状态、上网频率，通过媒体收看中国新闻的情况。第二节考察马来西亚员工文化消费的情况，涉及对中国、美国、日本、韩国、印度的电影、电视剧、音乐的消费与喜好情况。第三节考察马来西亚员工对中国品牌的认知情况，通过族群、上网频率、性别等维度考察中国品牌在马来西亚的影响力。

第一节　媒体接触

　　媒体是大众传播媒介，主要形式包括报纸、杂志、图书等平面媒体以及广播、电视、互联网等电子媒体。在马来西亚，手机普及率和网络覆盖率很高，网络和新媒体的传播力和影响力很强，相比之下，传统的报纸杂志与图书资料的影响力受到冲击。下文以性别、年龄、族群等为变量，观察马来西亚中资企业的东道国员工手机联网情况、上网频率、了解中国信息的情况。

一　员工的互联网接入

　　图9-1直观地反映了不同性别的中资企业员工手机联网状况。从图中可以看到，无论男女，几乎全部马来西亚员工（98.63%）的手机可以联网。根据调研期间的观察，手机在马来西亚的普及率极高，通信网络与无线网络的覆盖率也很高，这意味着民众可以便捷地通过手机获得媒体接触。手机、网络、自媒体在信息传播方面表现出快速、便捷、灵活等特点，在一定程度上冲击报刊、图书等传统传播媒介的影响力。

　　按年龄划分来看（参见表9-1），在马来西亚手机普及率与网络

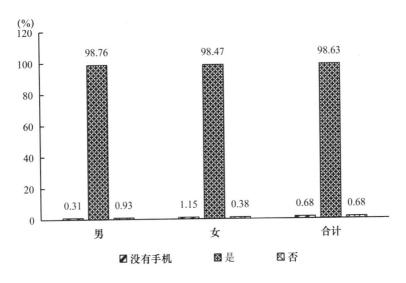

图9-1 按性别划分的员工手机联网状况（N=584）

覆盖率极高的环境下，年龄这一变量对于手机联网率的影响也是极其微弱的。无论是17—25岁、26—35岁还是36岁及以上员工，其手机联网率均达到98%以上。

表9-1　　　　按年龄组划分的员工手机联网状况（N=584）　　　　（单位：%）

手机是否联网	17—25岁	26—35岁	36岁及以上	合计
没有手机	1.28	0.74	0.00	0.68
是	98.72	98.51	98.74	98.63
否	0.00	0.74	1.26	0.68

按族群划分来看（参见表9-2），在手机联网率总体很高的情况下，马来华人的手机联网率最高，达到99.40%，印度裔的手机联网率略低于马来华人与马来人，但也达到了96.67%。

表9-2　　　　　　按族群划分的员工手机联网状况（N=581）　　　（单位：%）

手机是否联网	马来人	马来华人	印度裔	合计
没有手机	0.46	0.60	3.33	0.69
是	97.70	99.40	96.67	98.62
否	1.84	0.00	0.00	0.69

　　按性别划分来看员工的上网频率分布（参见表9-3），在584名受访者中，超过九成的受访者每天上网数小时，其中有92.75%的女性员工每天上网数小时，男性员工中每天上网频率达到数小时的比例略少（88.82%）。有8.7%的男性员工每天上网半小时到一小时，只有5.73%的女性员工每天上网半小时到一小时。

表9-3　　　　　　按性别划分的员工上网频率分布（N=584）　　　（单位：%）

上网频率	男	女	合计
一天几个小时	88.82	92.75	90.58
一天半小时到一小时	8.70	5.73	7.36
一天至少一次	1.55	0.76	1.20
一周至少一次	0.00	0.38	0.17
一个月至少一次	0.31	0.00	0.17
几乎不	0.62	0.00	0.34
从不	0.00	0.38	0.17

　　按年龄划分来看（参见表9-4），年龄变量对于员工上网频率的影响较大，17—25岁的员工中有高达96.15%的人每天上网数小时，而26—35岁与36岁及以上员工每天上网数小时的比例则分别下降到90.71%与84.91%。

表9-4　　　　　按年龄组划分的员工上网频率分布（N=584）　　　（单位：%）

上网频率	17—25 岁	26—35 岁	36 岁及以上	合计
一天几个小时	96.15	90.71	84.91	90.58
一天半小时到一小时	1.92	7.81	11.95	7.36
一天至少一次	1.28	1.12	1.26	1.20
一周至少一次	0.64	0.00	0.00	0.17
一个月至少一次	0.00	0.37	0.00	0.17
几乎不	0.00	0.00	1.26	0.34
从不	0.00	0.00	0.63	0.17

按族群划分来看（参见表9-5），不同族群上网频率存在细微差异，印度裔中每天上网数小时的比例最高，达到93.33%；马来人中一天上网数小时的比例相对来说最低，仅占89.4%，而马来人一天上网半小时到一小时的比例相对最高，达到8.29%。

表9-5　　　　　按族群划分的员工上网频率分布（N=581）　　　（单位：%）

上网频率	马来人	马来华人	印度裔	合计
一天几个小时	89.40	91.32	93.33	90.71
一天半小时到一小时	8.29	6.89	3.33	7.23
一天至少一次	1.84	0.60	3.33	1.20
一周至少一次	0.00	0.30	0.00	0.17
一个月至少一次	0.46	0.00	0.00	0.17
几乎不	0.00	0.60	0.00	0.34
从不	0.00	0.30	0.00	0.17

二　员工获取中国信息的渠道

表9-6反映了近一年内马来西亚员工从马来西亚本地媒体收看

中国新闻的情况。在546个样本中，仅有不到四成（39.01%）收看到中国大使馆对本国的捐赠新闻，有超过六成（60.99%）不曾看到相关新闻；在520个样本中，仅有不到半数（46.73%）看到过中国援助本国修建道路、桥梁、医院和学校的新闻，有超过半数（53.27%）不曾看到相关新闻；在565个样本中，有超过八成（86.37%）注意到本国学生前往中国留学的新闻，仅有少数人（13.63%）没有关注到相关新闻；在555个样本中，有将近八成（79.46%）看到过中国艺术演出的新闻，仍然有部分人（20.54%）表示没有看过相关新闻。中国信息的对外传播除了需要依靠中国自身的媒体以外，还需要大力依靠当地媒体。在排除个体关注点差异带来的影响之后，调研数据从总体上反映出马来西亚媒体对于中国大使馆捐赠以及中国援建道路、桥梁、医院和学校的新闻相对较少，而对艺术演出、留学等人文交流领域的新闻报道相对较多。结合调研期间了解到的相关信息，马来西亚政府对中国"一带一路"的宣传控制较严，很多受访者不了解"一带一路"，甚至完全没有听说过这个倡议。由此可以推测，政府的疑虑与舆论限制在一定程度上造成了马来西亚媒体较少报道中国捐赠、援建本地基建设施的现象。

表9-6　近一年内员工是否从马来西亚媒体收看中国相关新闻的状况

（单位：%）

有关中国的新闻	样本量	是	否
中国大使馆对本国的捐赠新闻	546	39.01	60.99
中国援助本国修建道路、桥梁、医院和学校的新闻	520	46.73	53.27
本国学生前往中国留学的新闻	565	86.37	13.63
中国艺术演出的新闻	555	79.46	20.54

图9-2关注不同性别的员工了解中国的渠道。由图可见，男性和女性员工在了解中国的信息渠道上总体上存在共性，但也存在一定

程度的差异性。无论男女，受访者主要通过本国网络、本国电视了解中国信息。除此之外，报纸杂志、中国的传统媒体、中国的新媒体、企业内部员工、企业内部资料也是了解中国信息的渠道来源，相比之下，男性比女性更乐于通过本国报纸杂志了解中国信息，女性更多地通过中国的传统媒体（22.52%）、中国的新媒体（34.73%）、企业内部员工（24.05%）和企业内部资料（11.45%）来获取中国的信息。总的来说，信息渠道不因性别变量产生太多差异，受访者获取中国信息的渠道在整体上较为一致。

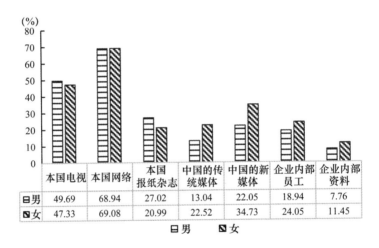

	本国电视	本国网络	本国报纸杂志	中国的传统媒体	中国的新媒体	企业内部员工	企业内部资料
男	49.69	68.94	27.02	13.04	22.05	18.94	7.76
女	47.33	69.08	20.99	22.52	34.73	24.05	11.45

图 9 - 2　按性别划分的近一年内员工了解中国信息的渠道分布（N = 584）

图 9 - 3 反映不同年龄段的受访者获取中国信息渠道的趋势与差别。从图中可见，17—25 岁受访者中，绝大多数（77.56%）是通过本国网络了解中国信息，也有超过半数（52.56%）的受访者表示会通过本国电视了解中国信息，同时这个年龄段的受访者较少愿意通过本国报纸杂志、中国的传统媒体、中国的新媒体、企业内部员工来了解中国，仅有 5.77% 表示会通过企业内部资料了解中国。26—35 岁年龄组的情况稍有不同，这个年龄段中有 32.71% 表示会通过中国的新媒体了解中国，这比其他两个年龄组的比例都高出近 10 个百分点。

在 36 岁及以上的受访者中，可以看到他们更多地通过本国网络、本国电视、报纸杂志了解中国。不同年龄段的受访者在了解中国信息的渠道上有共性的一面，本国网络和本国电视是所有受访者了解中国信息的最重要的两种渠道。当然，不同年龄段受访者也显示出了细微的差异性，17—25 岁的受访者更主要依靠本国网络了解中国，26—35 岁的受访者主要依靠本国网络，同时也较为乐意接收中国新媒体的相关信息，与之相比，36 岁以上受访者更倾向于本土的和传统的传播渠道。

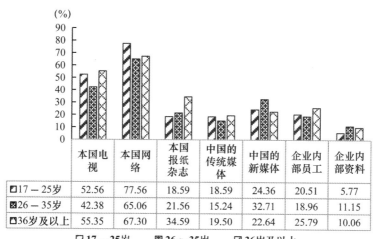

(%)	本国电视	本国网络	本国报纸杂志	中国的传统媒体	中国的新媒体	企业内部员工	企业内部资料
▨ 17—25岁	52.56	77.56	18.59	18.59	24.36	20.51	5.77
▩ 26—35岁	42.38	65.06	21.56	15.24	32.71	18.96	11.15
▥ 36岁及以上	55.35	67.30	34.59	19.50	22.64	25.79	10.06

▨ 17—25岁　　▩ 26—35岁　　▥ 36岁及以上

图 9-3　按年龄组划分的近一年内员工了解中国信息的渠道分布（N＝584）

图 9-4 是不同族群了解中国信息的渠道分布图。马来人中有超过二成（24.42%）会通过本国报纸杂志了解中国信息，超过五成通过本国电视（58.53%）和本国网络（57.14%）了解中国信息，较少通过中国的传统媒体（8.29%）和企业内部资料（8.76%）了解中国信息。印度裔中有八成（80%）通过本国报纸杂志了解中国，还有一部分人通过本国网络（40%）、本国电视（36.67%）、中国的新媒体（26.67%）了解中国信息，较少通过中国的传统媒体

（10%）或企业内部资料（6.67%）了解中国。在马来华人中，本国
网络（79.64%）、本国报纸杂志（75.15%）是最主要的了解中国信
息的渠道，此外还通过本国电视（43.11%）、中国的新媒体
（35.33%）、中国的传统媒体（23.95%）、企业内部员工（23.95%）
等渠道获取中国信息。对于所有族群的受访者来说，本国报纸杂志、
本国网络和本国电视都是了解中国信息的最主要渠道，中国的新媒体
有一定的受众和影响力，中国的传统媒体在马来族群和印度裔中的影
响力较小，另外，中资企业内部资料未能在东道国员工中发挥出应有
的传播作用。

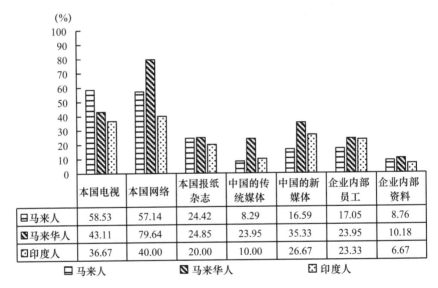

(%)	本国电视	本国网络	本国报纸杂志	中国的传统媒体	中国的新媒体	企业内部员工	企业内部资料
马来人	58.53	57.14	24.42	8.29	16.59	17.05	8.76
马来华人	43.11	79.64	24.85	23.95	35.33	23.95	10.18
印度人	36.67	40.00	20.00	10.00	26.67	23.33	6.67

马来人　　　　马来华人　　　　印度人

图 9 - 4　按族群划分的近一年内员工了解中国信息的渠道分布（N = 584）

　　按受教育程度划分来看（参见图 9 - 5），未上过学的群体全部
通过本国电视了解中国；小学学历的受访者中，将近八成
（77.78%）通过本国网络了解中国信息，此外还通过本国电视、
企业内部员工等方式了解中国；中学学历的受访者中，超过六成
（65.28%）通过本国网络了解中国信息，此外本国电视也是他们

了解中国信息的重要渠道；专科/本科学历的受访者中，超过七成（71.74%）通过本国网络了解中国信息，除此之外他们还通过本国电视、中国的新媒体等方式了解中国信息；相比之下，硕士及以上学历受访者了解中国的趋势更加多样，除了本国网络和本国电视以外，他们也时常通过本国报纸杂志、企业内部员工、中国的新媒体等渠道了解中国。由此可见，受教育程度越低，了解中国的渠道越单一；受教育程度越高，了解中国的渠道就越多元。

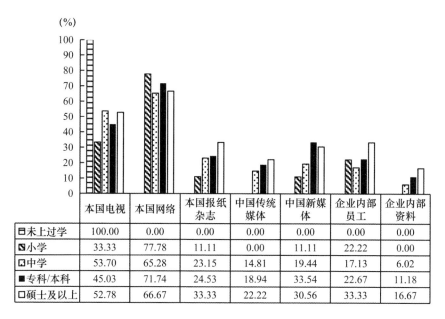

	本国电视	本国网络	本国报纸杂志	中国传统媒体	中国新媒体	企业内部员工	企业内部资料
未上过学	100.00	0.00	0.00	0.00	0.00	0.00	0.00
小学	33.33	77.78	11.11	0.00	11.11	22.22	0.00
中学	53.70	65.28	23.15	14.81	19.44	17.13	6.02
专科/本科	45.03	71.74	24.53	18.94	33.54	22.67	11.18
硕士及以上	52.78	66.67	33.33	22.22	30.56	33.33	16.67

图 9 - 5　按教育程度划分的近一年内员工了解中国信息的渠道分布（N = 584）

按收入划分来看（参见图 9 - 6），图 9 - 6 以收入为变量，观察不同收入群体了解中国信息的渠道的共性与差异性。由图可见，本国网络是所有收入群体了解中国信息的最主要渠道，其次是本国电视。值得注意的是，在不同收入群体中，收入越高的群体通过中国的新媒体了解中国信息的比例就越高，在月收入 1500—2100 林吉特的人群中，只有 10.26% 通过中国的新媒体了解中国信息，在月收入 3401 林吉特及以上群体中，有超过三成通过中国的新媒体了解中国信息。此外，企业内部资料的传播力很小，尤其是低收入群体，几乎都是一线工人而非管理层，较少接触到企业的内部资料。

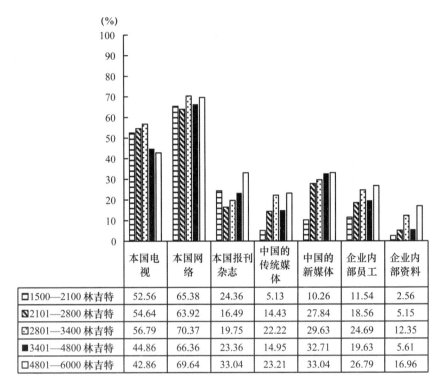

(%)	本国电视	本国网络	本国报刊杂志	中国的传统媒体	中国的新媒体	企业内部员工	企业内部资料
□1500—2100 林吉特	52.56	65.38	24.36	5.13	10.26	11.54	2.56
◹2101—2800 林吉特	54.64	63.92	16.49	14.43	27.84	18.56	5.15
▦2801—3400 林吉特	56.79	70.37	19.75	22.22	29.63	24.69	12.35
■3401—4800 林吉特	44.86	66.36	23.36	14.95	32.71	19.63	5.61
□4801—6000 林吉特	42.86	69.64	33.04	23.21	33.04	26.79	16.96

图 9 - 6　按月收入划分的近一年内员工了解中国信息的渠道分布（N = 475）

第二节　文化消费

文化消费是指对精神文化类产品及精神文化性劳务的占有、欣赏、享受和使用等。文化消费是以物质消费为前提和提托，受到社会生产力发展水平的总体影响，能够在一定程度反映出一个国家或者社会的物质与精神文明的程度。随着物质水平的日益提高，加之现代社会的消费升级，文化消费正日益成为人们生活中不可或缺的组成部分，甚至逐渐成为一种生活方式、一种获得认同的方式。[①]
在马来西亚，电影、电视剧和音乐是都市人群文化消费的重要内容，
下文将具体考察马来西亚中资企业的员工对于不同国家的电影、电视
剧、音乐的消费情况，重点观察不同族群的员工在文化消费上体现出
的差异性。通过观察发现，华语电影、电视剧和音乐在马来西亚较受
欢迎，尤其是在华人群体中，但在马来人和印度裔中的影响力相对不
足。与之相比，美国电影、电视剧和音乐的影响力更甚，并且不太受
族群的影响。

一　员工收看各国电影、电视剧的频率

表9-7是马来西亚员工观看不同国家电影或电视剧的频率分布。
由表可见，美国电影和电视剧在马来西亚最受欢迎，有超过四成
（41.51%）的受访者表示经常观看，有超过一成的（12.69%）受访者
表示很频繁观看，除此之外还有三成（30.7%）的受访者有时会观看。
第二受欢迎的是华语电影或电视剧，有超过三成（32.71%）的受访者
表示经常观看，还有7.19%的受访者表示频繁观看，此外还有近四

表9-7　　员工观看不同国家的电影/电视剧的频率分布　　（单位：%）

频率	华语电影/电视剧（N=584）	日本电影/电视剧（N=584）	韩国电影/电视剧（N=584）	印度电影/电视剧（N=584）	美国电影/电视剧（N=583）
从不	2.57	30.14	26.20	44.69	2.40
很少	17.81	35.96	31.16	26.71	12.69
有时	39.73	26.88	25.68	19.01	30.70
经常	32.71	4.79	13.70	5.31	41.51
很频繁	7.19	2.23	3.25	4.28	12.69

[①]　杨晓光：《关于文化消费的理论探讨》，《山东社会科学》2006年第3期；欧翠珍：
《文化消费研究述评》，《经济学家》2010年第3期。

成（39.73%）的受访者表示有时会观看。除此之外，日韩的电影、电视剧也较受欢迎，相比之下，印度电影和电视剧的受众相对较少。造成这种现象的原因包括主客观两方面，从客观上来说美国电影和电视剧自身制造精良，在世界范围有着较大的影响力，自然也成为马来西亚人的首选；从主观上来说，族群的、语言的、文化的因素促使马来西亚民众乐于接受华语电影和电视剧。

按族群划分来看（参见表9-8），员工观看华语电影/电视剧的频率族群之间差异很大。马来华人受访者中，有超过半数（52.99%）经常或频繁观看华语电视或电视剧，超过三成（32.04%）的受访者表示有时会观看，仅有一成多（14.97%）受访者表示很少或从不观看。马来人中经常或频繁观看华语电影或电视剧的比例仅占两成左右（23.5%），与华人受访者相比，少了近30个百分点。但仍有超过五成（50.69%）的马来人表示有时会观看华语电影或电视剧。在印度裔中，经常或频繁观看华语电影或电视剧的比例就更少（16.67%），有四成（40%）受访者表示很少或从不观看。由此可见，华语电影和电视剧的主要消费群体是华人群体，在马来人中有一定消费潜力，而印度裔由于文化、语言等因素较少观看华语电影或电视剧。

表9-8　按族群划分的员工观看华语电影/电视剧的频率分布（N=581）

（单位：%）

观看频率	马来人	马来华人	印度裔	合计
从不	3.23	1.20	13.33	2.58
很少	22.58	13.77	26.67	17.73
有时	50.69	32.04	43.33	39.59
经常	18.89	44.01	10.00	32.87
很频繁	4.61	8.98	6.67	7.23

表9-9是不同族群观看日本电影或电视剧的情况，可以看到日本电影或电视剧在马来人中相对较受欢迎，除一成（10.14%）受访

者表示经常或频繁观看以外，还有近四成（38.25%）表示有时会观看。相比之下，日本电影或电视剧在印度裔和马来华人中不太受欢迎。

表9-9 按族群划分的员工观看日本电影/电视剧的频率分布（N=581）

（单位：%）

观看频率	马来人	马来华人	印度裔	合计
从不	27.19	29.64	53.33	29.95
很少	24.42	46.11	6.67	35.97
有时	38.25	18.86	36.67	27.02
经常	6.45	4.19	0.00	4.82
很频繁	3.69	1.20	3.33	2.24

表9-10是不同族群观看韩国电影或电视剧的情况，可以看到韩国电影或电视剧在马来人和马来华人中有一定的受众，有两成多（22.12%）马来人会经常或频繁观看，有一成多（14.38%）马来华人会经常或频繁观看。韩国电影或电视剧在印度裔中的影响力相对较小，有六成（60%）表示很少或从不观看。

表9-10 按族群划分的员工观看韩国电影/电视剧的频率分布（N=581）

（单位：%）

观看频率	马来人	马来华人	印度裔	合计
从不	25.81	23.65	53.33	25.99
很少	22.58	38.92	6.67	31.15
有时	29.49	23.05	30.00	25.82
经常	17.51	12.28	3.33	13.77
很频繁	4.61	2.10	6.67	3.27

表9-11反映了印度电影或电视剧在不同族群受访者中的受欢迎程度。印度电影或电视剧发展迅速，尤其是宝莱坞在全球范围产生了一定的影响力。但在马来西亚的华人群体中，印度电影的影响力很微

弱，仅有 1.2% 的受访者表示经常或频繁观看，也仅有 6.89% 的受访者表示会偶尔观看，绝大多数（91.92%）表示很少或从不观看。在马来人群体中，印度电影或电视剧的受欢迎程度也不高，仅有 14.29% 的受访者表示经常或频繁观看，有 38.71% 表示有时会观看。但是印度电影或电视剧在印度裔中的受欢迎程度极高，有 46.67% 的受访者表示频繁观看，有 20% 表示经常观看。

表 9 – 11 按族群划分的员工观看印度电影/电视剧的频率分布（$N = 581$）

（单位：%）

观看频率	马来人	马来华人	印度裔	合计
从不	19.35	64.97	6.67	44.92
很少	27.65	26.95	16.67	26.68
有时	38.71	6.89	10.00	18.93
经常	10.14	0.60	20.00	5.16
很频繁	4.15	0.60	46.67	4.30

表 9 – 12 是美国电影或电视剧在不同族群受访者中的受欢迎情况。美国电影或电视剧深受马来人和印度裔的欢迎，均有六成左右的受访者表示经常或很频繁观看，其中尤以印度裔最喜爱美国电影或电视剧，有高达四成（41.38%）的受访者表示会频繁观看。马来华人对美国电影或电视剧的喜爱程度，虽不及印度裔和马来人，但也有半数（50.3%）受访者表示会经常或频繁观看。

表 9 – 12 按族群划分的员工观看美国电影/电视剧的频率分布（$N = 580$）

（单位：%）

观看频率	马来人	马来华人	印度裔	合计
从不	2.76	2.40	0.00	2.41
很少	7.83	14.67	20.69	12.41
有时	29.03	32.63	20.69	30.69
经常	43.32	42.81	17.24	41.72
很频繁	17.05	7.49	41.38	12.76

二　员工对各国音乐的喜爱程度

表9－13是马来西亚员工对不同国家音乐喜爱程度的频率分布。美国音乐最受喜爱，超过七成（75.56%）的受访者喜欢或非常喜欢美国音乐，仅有极少数（3.27%）受访者表示不喜欢或非常不喜欢；第二受欢迎的是华语音乐，有超过六成（62.52%）的受访者表示喜欢或非常喜欢华语音乐，仅有少部分人（6.83%）表示不喜欢或非常不喜欢；除此之外，韩国音乐也较受欢迎，有近三成（28.19%）的受访者表示喜欢或非常喜欢韩国音乐。相比之下，日本音乐和印度音乐的受欢迎程度要弱一些。

表9－13　　　　　　员工对不同国家音乐喜爱程度的频率分布　　　　（单位：%）

喜欢程度	华语音乐（N=571）	日本音乐（N=557）	韩国音乐（N=564）	印度音乐（N=569）	美国音乐（N=581）
非常喜欢	17.69	1.80	3.72	4.75	16.52
喜欢	44.83	16.52	24.47	10.02	59.04
一般	30.65	43.99	43.79	34.97	21.17
不喜欢	5.78	34.11	24.29	40.77	3.10
非常不喜欢	1.05	3.59	3.72	9.49	0.17

表9－14是不同族群的员工对华语音乐的喜爱程度。很明显，华语音乐在马来华人中间最受欢迎，有超过八成（82.34%）的华人受访者选择喜欢或非常喜欢，超出平均值19.49个百分点。此外有近半数（46.66%）的印度裔选择喜欢或非常喜欢。与之相比，马来人对华人音乐的喜爱程度较低，仅有三成左右（33.33%）选择喜欢或非常喜欢，超过半数（52.94%）认为一般。

表 9 - 14　按族群划分的员工对华语音乐喜爱程度的频率分布（N = 568）

（单位：%）

喜爱程度	马来人	马来华人	印度裔	合计
非常喜欢	4.41	27.25	3.33	17.78
喜欢	28.92	55.09	43.33	45.07
一般	52.94	16.17	33.33	30.28
不喜欢	13.24	0.60	13.33	5.81
非常不喜欢	0.49	0.90	6.67	1.06

表 9 - 15 是不同族群的员工对日本音乐的喜好情况。总的来说，日本音乐在马来华人和马来人中有一定的受众，但印度裔对日本音乐不怎么喜欢，有近七成（66.67%）的受访者选择了不喜欢或非常不喜欢。

表 9 - 15　按族群划分的员工对日本音乐喜爱程度的频率分布（N = 554）

（单位：%）

喜爱程度	马来人	马来华人	印度裔	合计
非常喜欢	1.94	1.85	0.00	1.81
喜欢	17.48	16.67	8.33	16.61
一般	38.35	49.07	25.00	44.04
不喜欢	40.29	28.40	54.17	33.94
非常不喜欢	1.94	4.01	12.50	3.61

从表 9 - 16 可见，不同族群对韩国音乐的喜爱程度差别并不明显，三个不同族群的受访者中，均有三成左右表示喜欢或非常喜欢，也都有不少人认为不喜欢或非常不喜欢。

表9-16　按族群划分的员工对韩国音乐喜爱程度的频率分布（N=561）

（单位：%）

喜爱程度	马来人	马来华人	印度裔	合计
非常喜欢	4.76	2.77	7.69	3.74
喜欢	26.19	23.69	23.08	24.60
一般	37.14	49.85	23.08	43.85
不喜欢	28.57	20.00	38.46	24.06
非常不喜欢	3.33	3.69	7.69	3.74

表9-17反映的是不同族群对印度音乐的喜爱程度，可以看到非常明显的差异性。印度裔中有超过八成（83.34%）表示非常喜欢或喜欢印度音乐，超出平均值68.86个百分点（参见表9-13），而且其中选择非常喜欢的比例很高。在马来人和马来华人中，印度音乐的受喜爱程度明显很低，尤其是华人群体中有将近七成（68.63%）表示不喜欢或非常不喜欢。

表9-17　按族群划分的员工对印度音乐喜爱程度的频率分布（N=566）

（单位：%）

喜爱程度	马来人	马来华人	印度裔	合计
非常喜欢	3.74	0.31	56.67	4.59
喜欢	19.16	2.17	26.67	9.89
一般	47.66	28.88	10.00	34.98
不喜欢	25.23	54.97	3.33	40.99
非常不喜欢	4.21	13.66	3.33	9.54

表9-18是不同族群对美国音乐的喜好情况。在三个族群的受访者中，总体呈现相似的趋势，大多数受访者表示喜欢或非常喜欢美国音乐，尤以印度裔为最，较少有受访者不喜欢或非常不喜欢。由此可见，美国音乐在马来西亚的影响力很强，并且没有明显的族群的偏差。

表 9 – 18 按族群划分的员工对美国音乐喜爱程度的频率分布（$N = 578$）

（单位：%）

喜爱程度	马来人	马来华人	印度裔	合计
非常喜欢	21.66	12.05	31.03	16.61
喜欢	58.53	60.24	55.17	59.34
一般	16.13	24.70	13.79	20.93
不喜欢	3.69	2.71	0.00	2.94
非常不喜欢	0.00	0.30	0.00	0.17

第三节 中国品牌认知

根据中国外文局对外传播研究中心、中国报道社等机构共同发布的《2017 中国企业海外形象调查报告（东盟版）》调查显示，超过 50% 的东盟民众认为中国品牌对本国的经济起到了良好的推动作用；与两年前相比，中国企业的品牌认知度在东盟地区有大的改善。同时，宫月晴对来自"一带一路"国家和地区的 43 位受访者进行访谈发现，尽管他们的文化背景、受教育程度和生活环境截然不同，但是对中国品牌的认知却呈现出"集中"的现象。① 在众多中国品牌中，超过一半的受访者将华为称作中国品牌的代表。其次是小米、阿里巴巴、腾讯、淘宝、OPPO、联想、微信等，中国的科技品牌在国外已经形成较高的知名度。且"质量好""物美低廉"成为这些国家民众描述中国产品的高频词。本节将聚焦中国品牌在马来西亚的影响力，从族群、上网频率、性别等维度考察马来西亚员工对本企业以外的中国品牌的认知情况。

---

① 宫月晴：《中国品牌建构国家形象作用机制研究——基于"一带一路"沿线消费者深访的研究》，《现代传播》2019 年第 10 期。

一　员工对中国品牌的认知

从族群划分来看（参见图9－7），马来华人员工对中国品牌的认知情况达到96.66%，高出马来员工12.23个百分点，高出印度裔员工20.80个百分点。总的来说，所有族群对于中国品牌的认知程度较好，这得益于中国产品进入马来西亚市场早、市场占有率高，也说明中国品牌在马来西亚已经有了一定的认知度和影响力，但仍有进一步发展的空间。

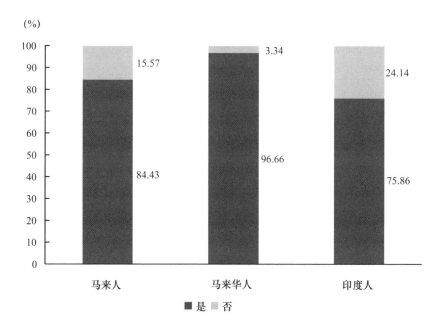

图9－7　按族群划分的员工对本企业外的中国品牌的认知状况（*N*=580）

表9－19考察按上网频率划分的员工品牌认知的差异。从表中可见，上网频率与员工对本企业以外中国品牌认知情况并不呈正相关或负相关的关系。在上网的员工中，每天使用互联网频率越高，对中国品牌更为知晓。

表9-19　　　　　按上网频率划分的员工对本企业外的中国
品牌的认知状况（N＝573）　　　　　　（单位：%）

上网频率	是	否
一天几小时	90.98	9.02
一天半小时到一小时	90.24	9.76
一天至少一次	66.67	33.33
一周至少一次	0.00	100.00
一个月至少一次	100.00	0.00
几乎不	100.00	0.00
从不	100.00	0.00
总计	90.58	9.42

二　员工印象最深的中国品牌

图9-8与图9-9揭示的是员工品牌认知情况的性别差异。从图9-8可见，在322名男性受访者中，超过半数（51.56%）首选华为是印象最深的中国品牌，此外有20.50%选择了其他品牌，另外OPPO（6.52%）和小米（6.52%）也让很多受访者印象很深。对比图9-9女性受访者的情况，性别对于员工品牌认知情况的影响是微弱的，因为大多数女性选择的印象最深的中国品牌也是华为（62.22%），此外选择OPPO（7.63%）和小米（5.34%）的受访者也占一定比例。由此可以发现几个现象，第一，华为在马来西亚的曝光度和认知度很高，无论男女都对华为印象深刻；第二，马来西亚员工印象最深的几个主要中国品牌均来自通信行业，而众多其他行业的中国产品，也有一定认知度，但还没有形成显著的品牌效应；第三，男女员工的品牌认知具有较大的相似性，这反映出重点针对女性消费群体的产品（例如护肤品、珠宝等行业产品）还没有形成较大的知名度和品牌效应。

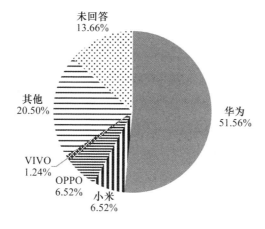

图 9 - 8 男性员工印象最深的中国品牌分布（N = 322）

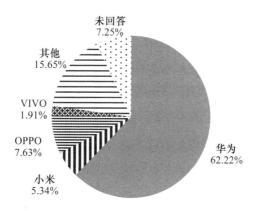

图 9 - 9 女性员工印象最深的中国品牌分布（N = 262）

按族群划分来看（参见图 9 - 10），不同族群的品牌认知总体上具有相似性，但也略有差异。从共性上来看，马来人和马来华人印象最深的品牌均为华为，其次是 OPPO、小米和 VIVO。从差异性上来说，华人员工中选择华为的比例最高（65.27%）高于马来人比例17.8 个百分点。相比之下，印度裔对华为的认知程度较低，为26.67%；其次是小米和 VIVO；而对 OPPO 完全没有提及。

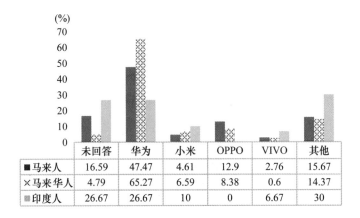

(%)

	未回答	华为	小米	OPPO	VIVO	其他
■马来人	16.59	47.47	4.61	12.9	2.76	15.67
×马来华人	4.79	65.27	6.59	8.38	0.6	14.37
▨印度人	26.67	26.67	10	0	6.67	30

图 9 – 10　按族群划分的员工印象最深的中国品牌分布（N = 581）

　　按上网频率划分来看（参见表 9 – 20），在每天都上网的员工中，上网频率越高，对华为的提及率越高。华为的亚太总部正设置在马来西亚，同时华为在马来西亚也投放了大量的线上和线下广告。另外，值得注意的是，其他品牌上网频率越低，对其印象就越浅，但是华为在上网频率较低的员工中印象也很深。与之相反，上网频率对美的的品牌认知影响不大，受访者更多地通过其他渠道了解美的。

表 9 – 20　按上网频率划分的员工印象最深的中国品牌分布（N = 584）

（单位：%）

上网频率	未回答	华为	小米	美的	OPPO	其他
一天几个小时	10.21	56.52	6.24	9.83	1.51	15.69
一天半小时到一小时	11.63	55.81	4.65	4.65	4.65	18.60
一天至少一次	42.86	42.86	0.00	14.29	0.00	0.00
一周至少一次	100.00	0.00	0.00	0.00	0.00	0.00
一个月至少一次	0.00	100.00	0.00	0.00	0.00	0.00
几乎不	0.00	50.00	0.00	50.00	0.00	0.00
从不	0.00	100.00	0.00	0.00	0.00	0.00
总计	10.79	56.34	5.99	9.59	1.71	15.58

小　结

本章通过分析马来西亚员工的媒体接触与文化消费，得出以下几点主要结论。

首先，整体上几乎全部员工的手机均可以联网，受访者主要通过报刊、电视和互联网来了解有关中国的信息，族群之间的信息获取渠道有一定差异。具体而言，马来员工首要通过本国报刊来关注中国信息，然后是本国电视，之后才是互联网；而华人员工首要通过互联网来关注中国信息，然后是本国报纸杂志，之后才是本国电视。印度裔员工对中国信息的关注度明显偏低。中资企业内部资料未能在东道国员工中发挥出应有的传播作用，未来改进的空间较大。此外，在内容选择方面，前往中国留学、中国文艺演出信息认知度较高，而对有关中国捐赠、援助马来西亚的信息认知度仅四成左右。

其次，在外国文化产品消费上，美国电影、电视剧和音乐在马来西亚最受欢迎，之后才是华语电影、电视剧和音乐。而美国文化产品消费较少受到族群差异的影响，而华语电影、电视剧和音乐最主要的收看群体主要集中于马来华人。印度的文化产品仅在印度裔员工中受欢迎，在其他族群中的影响力非常有限。这与马来西亚的主流语言密切相关，即英语仍是其最为重要的外语。

最后，华人员工对中国品牌的认知情况达到96.66%，高出马来员工12.23个百分点，高出印度裔员工20.80个百分点。华为是员工印象最深的中国品牌，此外还有 OPPO、小米和 VIVO。且在每天都上网的员工中，上网频率越高，对华为的提及率越高，其他品牌则没有发现这种相关性。上述这些品牌都来自通信行业，这表明众多其他行业的中国产品，还没有形成显著的品牌效应。海外中资企业一方面需要重视科技赋能，创新中国企业形象传播手段，促使企业更好顺应移动化、可视化、社交化的传播方式变化；另一方面要深入发掘品牌文化价值、强化品牌价值的文化内核，以提升中国品牌海外辨识度、亲和力和感染力。

第十章

国内议题与大国影响力

王正绪和叶磊华按照国际上政治研究的政体的分类方法，将马来西亚划分为非西式民主国家。[①] 他们的研究发现，相比新加坡、越南这些同属非西式民主国家而言，马来西亚民众除具有非常高的选举参与程度之外，与政府官员、非官员精英的联系程度也高于其他国家。而本章将从马来西亚中资企业员工对于部分具有代表性的公共议题的态度和看法，对中、美、日等国的影响力评价和对中国在马投资评价等多个方面进行探讨，以期全面地呈现在马中资企业马来西亚籍员工的政治参与和对外关系评价情况。

第一节　公共议题

本节主要调查分析了中资企业马来西亚雇员对特定公共议题的态度和看法，目的是获得受访员工对于其当局政府施政执政能力的评价，以及对其所处政治环境的满意度评价。

[①] 王正绪、叶磊华将中国大陆之外的 10 个东亚社会分为三大类：西式自由民主（日本、韩国、中国台湾）、西式选举民主（蒙古国、菲律宾、泰国、印度尼西亚）和非西式民主（新加坡、越南、马来西亚）。参见王正绪、叶磊华《东亚社会中的公民政治参与》，《政治学研究》2018 年第 1 期，第 42 页。

一　对公共议题的态度

表 10-1 呈现的是不同维度下受访员工对于相关公共议题的看法和态度分布情况。首先按性别划分来看，均有六成以上（67.52%，64.25%）的受访员工认为国会议员很快就会与普通民众失去联系，持此态度的男性员工比女性员工多 3.27 个百分点。另外，均有八成左右（84.64%，83.04%）的受访员工赞同"普通民众和统治精英之间的差距要比普通人之间的差距大得多"这一说法，而关于"像我这样的人对政府的行为无法产生影响"这个议题，表示赞同的受访员工占比均为六成以上（65.65%，60.32%），其中男性员工比女性员工多 5.33 个百分点。

表 10-1　　　　　　　　员工赞成以下公共议题相关陈述的分布　　　　　　（单位：%）

	类别	国会议员很快与普通民众失去联系 N=481	普通民众和统治精英之间的差距要比普通人之间的差距大得多 N=523	像我这样的人对政府的行为无法产生影响 N=541
性别	男	67.52	84.64	65.65
	女	64.25	83.04	60.32
年龄组	17—25 岁	68.22	83.69	70.95
	26—35 岁	63.23	82.86	58.94
	36 岁及以上	68.99	86.13	62.59
族群	马来人	72.04	83.33	65.67
	马来华人	59.26	83.28	60.32
	印度裔	96.00	96.15	75.86
受教育程度	小学及以下	57.14	87.50	62.50
	初中/高中	70.49	84.18	74.13
	专科/本科	64.26	83.79	58.33
	硕士及以上	57.14	82.14	38.71

	类别	国会议员很快与普通民众失去联系 $N=481$	普通民众和统治精英之间的差距要比普通人之间的差距大得多 $N=523$	像我这样的人对政府的行为无法产生影响 $N=541$
是否家庭联网	是	64.62	82.81	61.21
	否	74.32	90.67	75.32
是否手机联网	没有手机	100.00	100.00	50.00
	是	65.96	83.91	63.04
	否	50.00	66.67	100.00

　　按年龄组划分来看，各年龄组均有六成以上的受访员工表示赞同"国会议员很快与普通民众失去联系"这一说法，也均有八成以上的受访员工表示赞同"普通民众和统治精英之间的差距要比普通人之间的差距大得多"这一说法，而对"像我这样的人对政府的行为无法产生影响"这一议题的看法年龄之间差异较大。即在17—25 岁的受访员工中，有 70.95% 表示赞同，而在 26—35 岁和 36 岁及以上的受访员工中仅有六成左右（58.94%，62.59%）表示赞同。这可能是由于随着受访者年龄的增加，其社会阅历和综合能力都与 17—25 岁的员工有一定的差距，所以年龄越大，越少人赞同这一说法。

　　按族群划分来看，在"国会议员很快与普通民众失去联系"这一议题下，有七成以上（72.04%）的马来人赞同这一说法，表示赞同的马来华人仅占不到六成（59.26%）。印度裔对这一议题的赞同度最高，有 96% 的受访印度裔员工表示同意这一说法。在"普通民众和统治精英之间的差距要比普通人之间的差距大得多"这一议题下，马来人和马来华人中有八成以上（83.33%，83.28%）表示赞同该说法，印度裔员工对这一议题的赞同程度也是最高的。在关于"像我这样的人对政府的行为无法产生影响"这一议题的调查结果中可以看到，马来人和马来华人员工中均有六成以上（65.67%，60.32%）表示赞同，而在印度裔员工中有75.86%的受访员工表示赞同。

按受教育程度划分来看，在只有小学及以下学历、专科/本科、硕士及以上学历的受访员工中，均有六成左右表示同意"国会议员很快与普通民众失去联系"这一说法，而在初中和高中学历的受访员工中，有七成（70.49%）表示同意该议题。在对于"普通民众和统治精英之间的差距要比普通人之间的差距大得多"的调查结果中，小学学历员工对于该议题持赞同态度的人数最多，占比为87.50%，随着学历的升高表示赞同这一议题的员工比例逐渐下降，在硕士及以上学历的受访员工中有82.14%表示赞同。同样的反比趋势还出现在"像我这样的人对政府的行为无法产生影响"这一议题的调查结果中。在仅有小学及以下学历的受访员工中，有六成（62.5%）表示赞同该议题。在中学学历的员工中有七成（74.13%）表示赞同，而专科本科学历的员工仅有不到六成（58.33%）表示赞同，有硕士及以上学历的员工表示赞同该议题的占比最少，仅为38.71%。可以推测这是由于随着受访员工受教育程度的提高，他们更了解如何参与到政治活动当中，或者更清楚应该怎样维护和争取自己应有的政治权利。

调查也分析了网络因素对受访员工看待上述三个议题态度的影响情况。赞同上述三个议题的家庭有联网的受访员工总体看来比家庭没有联网的员工要少10个百分点左右。可以看出，信息的获取速度和效率也是影响员工对于上述议题看法的重要因素之一。而在手机是否联网这一维度下，没有手机的受访员工全部都赞同"国会议员很快与普通民众失去联系"和"普通民众和统治精英之间的差距要比普通人之间的差距大得多"这两个议题，只有一半没有手机的受访员工赞同"像我这样的人对政府的行为无法产生影响"。在有手机联网的受访员工当中，有65.96%表示赞同"国会议员很快与普通民众失去联系"这一议题，而持相同态度的没有手机联网的员工占比为 50.0%。有手机联网的员工对于"普通民众和统治精英之间的差距要比普通人之间的差距大得多"这一议题持赞同态度的占比高达 83.91%，而没有手机联网的员工中仅有 66.67% 表示赞同这一说法。在对"像我这样的人对政府的行为无法产生影响"这一议题的调查中，有六成以上（63.04%）手机联网的受访员工表示赞同，而没有手机联网的员工则全部表示赞同。可以看出，有多种互联网渠道接收相关信息的员工对于相关政治议题的认知更具批判性。

表 10－2 和表 10－3 继续呈现了其他公共议题的调查结果。按年龄划分来看，17—25 岁和 26—35 岁的受访员工中有六成左右（61.97%，58.55%）表示赞成"政治人物根本不关心像我这样的普通人怎么想"这一说法，而在 36 岁及以上的员工中，表示赞同的人数占比上升为七成左右（70.71%）。年龄因素对"人民应该通过直接公投来掌握重大政治议题的最终决定权"这一议题的影响并不显著，每个年龄段均有九成左右受访员工表示赞同这一观点。另外，年龄因素对受访员工看待"人民才应该拥有最重要政策的决定权，而不是政治人物"这一议题态度有一些影响，但不算显著——在 17—25 岁年龄段的受访员工中有 87.41% 表示赞同，比 26 岁及以上年龄段表示赞同的受访员工多出 5 个百分点左右。

按族群划分来看，不同族群的受访员工对于相关议题的态度有所不同。印度裔对于表 10－2 中三个议题表示赞同的人数占比是三个族群中最高的，马来人次之，马来华人占比最低。特别地，从表中可以看到，仅有不到六成（58.28%）的马来华人对"政治人物根本不关心像我这样的普通人怎么想"这一议题表示赞同，这一特殊数据波动是否与近年来马来华人政治地位和社会地位的变化有关，有待在今后的调查中持续关注。

表10－2　　　员工赞成以下公共议题相关陈述的分布（一）　　　（单位：%）

	类别	政治人物根本不关心像我这样的普通人怎么想 N＝516	人民应该通过直接公投来掌握重大政治议题的最终决定权 N＝535	人民才应该拥有最重要政策的决定权，而不是政治人物 N＝532
性别	男	63.70	86.49	81.76
	女	61.70	90.79	85.59
年龄组	17—25 岁	61.97	90.91	87.41
	26—35 岁	58.55	87.55	81.71
	36 岁及以上	70.71	87.41	82.52
族群	马来人	66.33	90.95	86.63
	马来华人	58.28	86.04	80.79
	印度裔	85.19	96.43	89.29
受教育程度	小学及以下	75.00	85.71	87.50
	初中/高中	65.66	90.50	85.78
	专科/本科	62.82	87.12	81.60
	硕士及以上	40.63	87.88	83.87
是否家庭联网	是	63.27	87.61	81.98
	否	60.00	93.33	92.21
是否手机联网	没有手机	66.67	100.00	50.00
	是	62.67	88.24	83.59
	否	75.00	100.00	100.00

表10－3　　　员工赞成以下公共议题相关陈述的分布（二）　　　（单位：%）

	类别	国会议会议员们应该遵循人民的意愿 N＝557	普通民众总是团结一致 N＝554	普通民众是善良和正直的 N＝535	普通民众享有共同的价值观和利益 N＝554
性别	男	89.77	72.85	73.47	62.30
	女	96.06	75.40	74.69	61.04

类别		国会议会议员们应该遵循人民的意愿 N = 557	普通民众总是团结一致 N = 554	普通民众是善良和正直的 N = 535	普通民众享有共同的价值观和利益 N = 554
年龄组	17—25 岁	91.89	78.91	74.66	67.36
	26—35 岁	94.16	74.42	75.51	60.47
	36 岁及以上	90.79	68.46	70.83	58.55
族群	马来人	91.43	90.09	79.40	69.42
	马来华人	93.73	61.66	70.23	55.80
	印度裔	89.29	89.66	77.78	72.41
受教育程度	小学及以下	100.00	75.00	71.43	75.00
	初中/高中	88.78	82.21	74.88	68.78
	专科/本科	94.50	68.42	72.41	56.91
	硕士及以上	97.06	72.73	82.35	58.33
是否家庭联网	是	93.32	70.82	72.59	58.86
	否	88.46	92.59	82.28	78.75
是否手机联网	没有手机	75.00	75.00	75.00	75.00
	是	93.08	73.81	73.81	61.36
	否	50.00	100.00	100.00	100.00

　　按受教育程度划分来看，表示赞成"政治人物根本不关心像我这样的普通人怎么想"这一议题的受访员工随着其学历的增加而减少，有四分之三（75%）的小学及以下学历员工表示赞同，在中学和专科/本科学历的受访员工中对该议题表示赞同的人数占比下降到六成以上（65.66%，62.82%），在硕士及以上的受访员工中仅有40.63%对该议题表示赞同。受教育因素对受访员工看待"人民应该

通过直接公投来掌握重大政治议题的最终决定权"和"人民才应该拥有最重要政策的决定权，而不是政治人物"两个议题态度的影响并不显著——均有八成左右受访员工表示赞成上述两种说法。

在公共议题的态度上，尽管员工在各维度的态度倾向不完全一致，但族群差异最为明显，即马来人更具有种族优越感，华人不信任多种族政，而印度裔在政治上更加宽容，这与以往研究的结论相一致的。① 同时，女性、年龄越轻者态度更倾向于重视民众的意愿而非政府的意愿，也更倾向于通过民主决策国家的重大政治议题。

二 非制度性政治参与状况

一般而言，政治参与有制度性和非制度性之分。制度性政治参与的主要形式是选举和投票，如人大代表、党支部选举等。非制度性政治参与则包括集体上访请愿、依法或依政策抗争、公共场所的群体骚乱等。

表 10-4 呈现针对"与其他人联合起来试图解决本地遇到的问题"做出调查访问的结果。按性别划分来看，从表中可以看出男性受访人群相对女性受访人群对协作解决问题的经历稍高一点，整体在 15%—20% 区间内，并且无论男女对此表达出的正面意愿大致在50% 左右。按年龄划分来看，调查显示 36 岁及以上的人群对协作解决问题的依赖性或者选择上明显要多于 36 岁以下的人群，而大多数人对此并不抵触，他们在更小的年龄里也愿意接受他人的帮助。此外，我们发现受教育程度越高和收入越高的人，更擅于利用社会资源和社交条件去处理所遇到的问题，其中硕士及以上学历的受访人群在"不止一次"协作解决问题的选择上比专科/本科及初高中学历要高出 20 个百分点左右。而月收入人群有此经历的分水岭体现在3400 林吉特上下，调查显示月收入 3400 林吉特以上受访人群较以下有协作经历的选择高出 15 个百分点。

---

① 穆罕默德·阿齐米尔·莫赫·尼萨：《马来西亚的种族差异、城市化和政治宽容》，段佩佩译，《南洋资料译丛》2018 年第 4 期。

表 10 − 4　　　　　过去三年是否做过"与其他人联合起来试图
解决本地遇到的问题"　　　　　　（单位：%）

	类别	没有，怎么也不会	没有，但可能会	一次	不止一次
性别	男	21.62	50.45	7.21	20.72
	女	26.73	48.51	8.91	15.84
N = 212					
年龄组	17—25 岁	24.44	55.56	4.44	15.56
	26—35 岁	19.39	54.08	10.20	16.33
	36 岁及以上	30.43	39.13	7.25	23.19
N = 212					
族群	马来人	21.52	49.37	6.33	22.78
	马来华人	25.44	50.00	10.53	14.04
	印度裔	27.78	44.44	0.00	27.78
N = 211					
受教育程度	小学及以下	83.33	16.67	0.00	0.00
	初中/高中	22.50	52.50	7.50	17.50
	专科/本科	22.73	50.00	10.00	17.27
	硕士及以上	18.75	43.75	0.00	37.50
N = 212					
个人月收入	1500—2100 林吉特	25.00	60.00	0.00	15.00
	2101—2800 林吉特	28.13	53.13	9.38	9.38
	2801—3400 林吉特	26.92	53.85	7.69	11.54
	3401—4800 林吉特	15.22	52.17	6.52	26.09
	4801—6000 林吉特	17.02	42.55	14.89	25.53
N = 171					

　　总体而言，在过去三年，男性、年龄在 36 岁及以上、受教育程度越高和收入越高者"与其他人联合起来试图解决本地遇到问题"的占比更高，而族群之间的占比大致相当。

　　表 10 − 5 呈现针对"与其他人联合起来提出问题或发起请愿"做

出调查访问的结果。从中看出产生较大区分的是受教育程度，硕士及以上学历受访人群有 37.5% 有不止一次参与联合提问或发起请愿的经历，而仅有 25% 没有且不太会去做出此类行为。另外，大部分高收入人群也表现出了正面意愿或有一次乃至多次相关经历，低收入人群中大部分也就此表示持正面意愿。此外，26—35 岁的年轻人协作提出问题并发起请愿的社会责任感最为强烈，相较于 36 岁及以上和 25 岁以下的受访人群有明显区分。最后，印度裔员工相对马来员工和华人员工的社会属性较为保守，华人也有超过三分之一（33.62%）的受访者表示不会参与，而马来人则持相当积极的态度，仅有不到 20% 的比例对此表示负面态度。

表 10 - 5　　　　**过去三年是否做过"与其他人联合起来提出问题或发起请愿"**　　（单位：%）

	类别	没有，怎么也不会	没有，但可能会	一次	不止一次
性别	男	27.03	39.64	14.41	18.92
	女	30.30	48.48	6.06	15.15
N = 210					
年龄组	17—25 岁	38.64	40.91	2.27	18.18
	26—35 岁	21.21	47.47	16.16	15.15
	36 岁及以上	32.84	40.30	7.46	19.40
N = 210					
族群	马来人	17.11	44.74	19.74	18.42
	马来华人	33.62	45.69	5.17	15.52
	印度裔	44.44	27.78	5.56	22.22
N = 210					
受教育程度	小学及以下	66.67	16.67	0.00	16.67
	初中/高中	31.65	49.37	5.06	13.92
	专科/本科	24.77	43.12	15.60	16.51
	硕士及以上	25.00	31.25	6.25	37.50
N = 210					

续表

	类别	没有，怎么也不会	没有，但可能会	一次	不止一次
个人月收入	1500—2100 林吉特	38.89	55.56	0.00	5.56
	2101—2800 林吉特	29.03	48.39	12.90	9.68
	2801—3400 林吉特	24.00	48.00	8.00	20.00
	3401—4800 林吉特	24.44	37.78	15.56	22.22
	4801—6000 林吉特	19.15	42.55	10.64	27.66

$N = 166$

　　整体上，过去三年男性和收入越高者"与其他人联合起来提出问题或发起请愿"的占比更高，同时马来员工"与其他人联合起来提出问题或发起请愿"的占比更高，而年龄组之间的差异并不明显。

　　表 10 - 6 呈现了受访中资企业员工在过去三年"参加示威或抗议游行"的情况。与表 10 - 11 和表 10 - 12 的结论完全不同的是，在过去三年，女性、36 岁以上、印度裔员工、小学及以下学历者"参加示威或抗议游行"的占比更高，这说明男性、年轻者、社会经济地位越高（即受教育程度较高和收入越高者）可能是没有时间或受制于自身职业位置的影响，不愿意参与实质性的游行活动。而且我们注意到，马来员工"参加过示威或抗议游行"的占比要明显低于华人员工和印度裔员工，这也是由马来西亚独特的政治体制——只能由马来人掌权而决定的。

表 10 - 6　　　　　　　过去三年是否"参加过示威或抗议游行"　　　　（单位：%）

	类别	没有，怎么也不会	没有，但可能会	一次	不止一次
性别	男	67.57	21.62	9.01	1.80
	女	61.17	23.30	10.68	4.85

$N = 214$

续表

	类别	没有，怎么也不会	没有，但可能会	一次	不止一次
年龄组	17—25 岁	70.45	20.45	9.09	0.00
	26—35 岁	57.43	30.69	7.92	3.96
	36 岁及以上	71.01	11.59	13.04	4.35
N = 214					
族群	马来人	72.15	22.78	3.80	1.27
	马来华人	60.68	22.22	12.82	4.27
	印度裔	55.56	22.22	16.67	5.56
N = 214					
受教育程度	小学及以下	66.67	16.67	16.67	0.00
	初中/高中	64.20	25.93	8.64	1.23
	专科/本科	63.06	20.72	10.81	5.41
	硕士及以上	75.00	18.75	6.25	0.00
N = 214					
个人月收入	1500—2100 林吉特	66.67	27.78	5.56	0.00
	2101—2800 林吉特	65.63	21.88	6.25	6.25
	2801—3400 林吉特	52.00	32.00	16.00	0.00
	3401—4800 林吉特	72.34	14.89	8.51	4.26
	4801—6000 林吉特	68.75	16.67	10.42	4.17
N = 170					

此外，绝大多数的受访员工不会"为政治事业使用武力或暴力"（如表 10-7 所示）。相比而言，女性更不倾向于"为政治事业使用武力或暴力"，马来员工"为政治事业使用武力或暴力"的占比明显低于其他群体，且受教育程度越高、收入越高的员工更不倾向于诉诸武力解决问题。

表 10 - 7　　　　过去三年是否做过"为政治事业使用武力或暴力"　（单位：%）

	类别	没有，怎么也不会	没有，但可能会	一次	不止一次
性别	男	92.86	7.14	0.00	0.00
	女	97.09	1.94	0.97	0.00
N = 215					
年龄组	17—25 岁	97.73	2.27	0.00	0.00
	26—35 岁	91.18	7.84	0.98	0.00
	36 岁及以上	98.55	1.45	0.00	0.00
N = 215					
族群	马来人	91.25	7.50	1.25	0.00
	马来华人	97.44	2.56	0.00	0.00
	印度裔	94.44	5.56	0.00	0.00
N = 215					
受教育程度	小学及以下	83.33	16.67	0.00	0.00
	初中/高中	92.68	7.32	0.00	0.00
	专科/本科	96.40	2.70	0.90	0.00
	硕士及以上	100.00	0.00	0.00	0.00
N = 215					
个人月收入	1500—2100 林吉特	89.47	10.53	0.00	0.00
	2101—2800 林吉特	96.88	0.00	3.13	0.00
	2801—3400 林吉特	84.00	16.00	0.00	0.00
	3401—4800 林吉特	97.87	2.13	0.00	0.00
	4801—6000 林吉特	97.92	2.08	0.00	0.00
N = 171					

　　通过对上述几个议题的综合比较我们发现，在非制度性政治参与中，中资企业员工在教育、收入和族群之间的差异较为明显。具体而言，受教育程度越高者、收入越高者和马来员工更倾向于采用请愿等温和的方式处理相关问题，更不愿意采取示威、游行或暴力等激进手段进行政治维权。

第二节 大国影响力评价

本节的调查分析将主要集中在中资企业员工对于中国、日本、美国和印度等主要国家在马来西亚的影响力评价情况，以及员工作为马来西亚普通民众是如何看待和评价上述四个国家与马来西亚的外交情况。

一 对亚洲影响力的评价

总体看来，超过七成的受访员工认为中国在亚洲的影响力最大，一成以上的员工认为美国是亚洲影响力最大的国家，而日本和印度在亚洲的影响力均不足一成。这表明马来西亚员工对中国在亚洲影响力的重要性持非常肯定的态度。按性别划分来看（参见表 10 - 8），认为中国在亚洲影响力最大的男性员工（78.66%）略多于女性员工（75.79%），认为美国在亚洲影响力最大的女性员工（17.86%）则高出男性员工 6.08 个百分点。

表 10 - 8　　　　　按性别划分的员工认为哪个国家在亚洲的
影响力最大（N = 566）　　　　　　（单位：%）

性别	中国	日本	美国	印度	其他
男	78.66	7.01	11.78	0.96	1.59
女	75.79	5.56	17.86	0.00	0.79
总计	77.39	6.36	14.49	0.53	1.24

按年龄划分来看（参见表 10 - 9），不同年龄组受访员工所持态度的占比大致相等。即均有近八成员工认为中国是亚洲影响力最大的国家，一成以上的员工认为美国是亚洲影响力最大的国家，日本和印度的影响力较小。

表 10 - 9　　　　　按年龄组划分的员工认为哪个国家在亚洲的
影响力最大（N = 566）

（单位：%）

年龄组	中国	日本	美国	印度	其他
17—25 岁	78.52	6.71	13.42	0.67	0.67
26—35 岁	76.72	6.49	14.89	0.38	1.53
36 岁及以上	77.42	5.81	14.84	0.65	1.29
总计	77.39	6.36	14.49	0.53	1.24

　　按族群划分来看（参见表 10 - 10），有 84.62% 的马来华人员工认为中国在亚洲的影响力最大，持相同态度的马来人和印度裔占比则不到七成（67.62%，65.52%）。这可能是由于马来华人与中国在根源上的文化、文字、习俗的相通而造成的，同时，中国在亚洲持续增大的影响力一定程度上有助于提升马来华人在当地的社会和政治地位。与此相反，有近两成（19.52%）的马来人员工认为美国在亚洲的影响力最大，印度裔员工占比为 13.79%，而华人员工的占比最低，为 11.38%。这表明相比而言，马来人更亲美。

表 10 - 10　　　　按族群划分的员工认为哪个国家在亚洲的
影响力最大（N = 564）　　　（单位：%）

族群	中国	日本	美国	印度	其他
马来人	67.62	10.95	19.52	0.95	0.95
马来华人	84.62	2.77	11.38	0.00	1.23
印度裔	65.52	13.79	13.79	3.45	3.45
总计	77.30	6.38	14.54	0.53	1.24

　　按受教育程度划分来看（参见表 10 - 11），整体上，受教育程度越高的员工，越倾向于认为中国在亚洲的影响力最大。同时，受教育程度越高的员工，认为日本在亚洲的影响力最大的占比越小。而认为美国在亚洲影响力最大的占比较高的是中学和专科/本科学历者。

表 10 – 11   　　　　　按受教育程度划分的员工认为哪个国家
在亚洲的影响力最大（N = 566）　　　　（单位：%）

教育	中国	日本	美国	印度	其他
小学学历	77.78	11.11	11.11	0.00	0.00
中学学历	74.88	7.11	15.17	1.42	1.42
专科/本科	77.49	5.79	15.43	0.00	1.29
硕士及以上	91.43	5.71	2.86	0.00	0.00
总计	77.39	6.36	14.49	0.53	1.24

调查也考虑到了受访员工过去的工作经历对他们看待这一问题的影响，表 10 – 12 呈现了有其他国家外资企业工作经历所导致的受访员工的态度分布情况。从表中可以看出，无论受访员工去过哪些国家外资企业工作，仍有六成以上的员工认为中国是在亚洲影响力最大的国家。而且，曾在欧盟企业工作过的员工认为中国在亚洲影响力最大的占比高达 87.5%。值得注意的是，曾在日本企业工作过的员工认为日本在亚洲的影响力最大的占比最高（25%），曾在印度企业工作过的员工认为美国在亚洲的影响力最大的占比最高（33.33%），而曾经在美国企业工作过的员工 19.23% 认为美国在亚洲的影响力最大。由此可见，曾经的外资企业工作经历对马来西亚员工对国家影响力的判断有一定影响。

表 10 – 12   　　　　按去过其他外资企业工作划分的员工认为哪个国家
在亚洲的影响力最大（N = 115）　　　　（单位：%）

国家和地区	中国	日本	美国	印度	其他
美国	69.23	11.54	19.23	0.00	0.00
印度	66.67	0.00	33.33	0.00	0.00
日本	64.29	25.00	7.14	0.00	3.57
韩国	70.00	10.00	20.00	0.00	0.00

续表

国家和地区	中国	日本	美国	印度	其他
欧盟	87.50	4.17	4.17	0.00	4.17
其他国家	79.17	4.17	10.42	2.08	4.17
总计	73.04	10.43	13.91	0.87	1.74

　　互联网接入情况直接影响着人们信息获取的广度和效率，从而直接影响人们对社会议题的认知和判断。图 10-1 呈现的便是按家庭是否联网划分的员工对哪个国家在亚洲影响力最大的态度分布情况。从图中可见，家中接入互联网的员工认为中国在亚洲影响力最大的占比高于家中没有互联网的员工 5.3 个百分点。而在对其他国家的评价上，家中是否接入互联网的占比基本没有差别。可见家中接入互联网的员工对中国在亚洲的影响力态度更为积极。

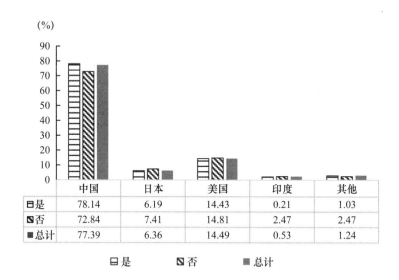

图 10-1　按家庭是否联网划分的员工认为哪个国家在亚洲影响力最大（N = 566）

　　图 10-2 呈现的是手机联网与否对于员工对该议题所持态度的差异情况。从图中可以看出，在有手机的群体中，手机联网的员工

认为中国在亚洲影响力最大的占比是手机没有联网的员工占比的
3.10 倍。另外，没有手机的受访员工全部都认为中国在亚洲的影
响力最大。

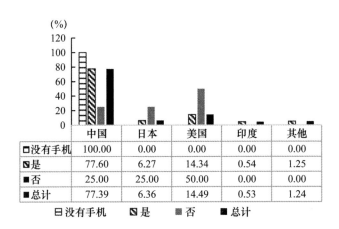

	中国	日本	美国	印度	其他
□没有手机	100.00	0.00	0.00	0.00	0.00
▨是	77.60	6.27	14.34	0.54	1.25
■否	25.00	25.00	50.00	0.00	0.00
■总计	77.39	6.36	14.49	0.53	1.24

□没有手机　▨是　■否　■总计

图 10 - 2　按手机是否联网划分的员工认为哪个国家在亚洲影响力最大（N = 566）

调查的另一项议题是马来西亚中资企业员工对中国和美国在马来
西亚影响力的评价情况。首先，按族群划分来看（参见图 10 - 3），
认为中国在马来西亚的影响力是相对正面的马来员工占比为
90.15%；马来华人员工持相同态度的占比为 92.7%，为三个族群中
最高；印度裔员工中也有 85.18% 认为中国对马来西亚的影响相对正
面。认为美国对于马来西亚影响相对正面的受访员工占比在六至七
成。马来员工认为美国影响相对正面的占比为 61.42%，持相同态度
的马来华人员工占比为 69.89%，印度裔员工占比为 72.42%。认为
美国对马来西亚的影响是相对负面的马来员工占比为 34.52%，马来
华人员工占比次之（28.32%），印度裔员工最少，仅为 17.24%。综
合看来，中资企业受访员工对于中国在马来西亚的影响力评价高于美
国，且族群基本无异。

按是否上过大学划分来看（参见图 10 - 4），是否上过大学对员
工判断中美在马来西亚的影响力差别不大。认为中国对马来西亚的影

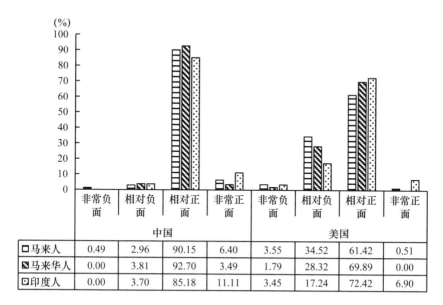

	非常负面	相对负面	相对正面	非常正面	非常负面	相对负面	相对正面	非常正面
	中国				美国			
□马来人	0.49	2.96	90.15	6.40	3.55	34.52	61.42	0.51
▨马来华人	0.00	3.81	92.70	3.49	1.79	28.32	69.89	0.00
□印度人	0.00	3.70	85.18	11.11	3.45	17.24	72.42	6.90

图 10 – 3 按族群划分的员工对中美在马来西亚影响力的评价 （ N = 505 ）

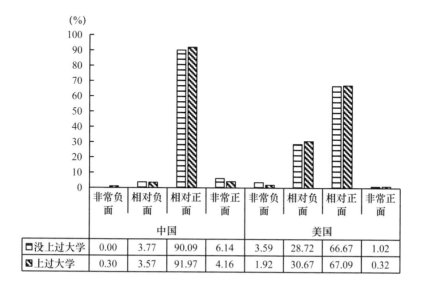

	非常负面	相对负面	相对正面	非常正面	非常负面	相对负面	相对正面	非常正面
	中国				美国			
□没上过大学	0.00	3.77	90.09	6.14	3.59	28.72	66.67	1.02
▨上过大学	0.30	3.57	91.97	4.16	1.92	30.67	67.09	0.32

图 10 – 4 按教育划分的员工对中美在马来西亚影响力的评价 （ N = 548 ）

响是相对正面的员工均占比九成以上，认为美国对马来西亚的影响相
对正面的占比不到七成。

二　其他国家对马来西亚影响力的评价

在本节的最后，调查分析了马来西亚中资企业认为的马来西亚未
来发展需要借鉴哪个国家发展经验的态度分布情况。按族群划分来看
（参见表 10－13），在马来员工中，认为马来西亚需要借鉴日本发展
经验的员工占比最多，为 43.66%，认为需要借鉴中国经验的员工占
比次之（40.38%），仅有少数马来员工认为马来西亚需要借鉴美国
和印度的发展经验。在马来华人中，有超过一半（53.78%）的受访
员工认为马来西亚应该借鉴中国的发展经验，认为需要借鉴日本经验
的华人员工仅占 25.08%，另有不到一成表示马来西亚应该借鉴美国
的发展经验。在印度裔员工中，有三成表示马来西亚应借鉴中国的发
展经验，认为应借鉴美国发展经验的次之（26.67%），另有两成认
为应借鉴日本的发展经验。总体看来，有近一半（47.56%）的受访
员工认为马来西亚的未来发展应借鉴中国经验，另有三成以上
（31.71%）认为应该借鉴日本经验，只有不到一成（7.49%）认为
应借鉴美国经验。

表 10－13　　　　　　　按族群划分的员工认为马来西亚未来发展
需要借鉴的国家分布（N＝584）　　　（单位：%）

需要借鉴的国家	马来人	马来华人	印度裔	合计
中国	40.38	53.78	30.00	47.56
日本	43.66	25.08	20.00	31.71
美国	6.57	6.34	26.67	7.49
印度	1.88	0.00	3.33	0.87
其他	2.82	3.32	13.33	3.66
不清楚	4.69	11.48	6.67	8.71

按受教育程度划分来看（参见表10-14），所有未上过学的员工都认为马来西亚应该借鉴日本的发展经验。在小学学历的受访员工中，有超过一半（55.56%）的员工认为马来西亚应该借鉴中国的发展经验，另有两成员工（22.22%）认为应该借鉴美国的发展经验，认为应该借鉴日本和印度经验的员工占比仅为一成左右（11.11%）。然而，随着受教育程度的提高，员工认为马来西亚应该借鉴中国发展经验的占比呈下降趋势。最明显的是受教育程度为专科/本科的员工，认为需要借鉴日本发展经验的占比高达38.05%。最后，从小学，到中学再到专科/本科及以上，员工认为需要借鉴美国发展经验的占比在下降，这表明"一带一路"建设中尤其需要重视日本的影响。

表10-14　　　　按教育划分的员工认为马来西亚未来发展需要借鉴的国家分布（N=577）　　　　（单位：%）

需要借鉴的国家	未上过学	小学	中学	专科/本科	硕士及以上	合计
中国	0.00	55.56	50.23	45.60	47.06	47.49
日本	100.00	11.11	23.72	38.05	26.47	31.72
美国	0.00	22.22	11.16	5.03	5.88	7.63
印度	0.00	11.11	1.40	0.31	0.00	0.87
其他	0.00	0.00	3.26	3.77	5.88	3.64
不清楚	0.00	0.00	10.23	7.23	14.71	8.67

按收入划分来看（参见表10-15），收入越高的员工认为马来西亚未来发展需要借鉴中国经验的占比越高。这一趋势在对日本、美国等其他国家的评价上并没有体现。收入水平在2801—3400林吉特的员工认为马来西亚应该借鉴日本发展经验的占比最高，为41.98%。各收入水平有一成左右认为马来西亚应该借鉴美国的发展经验。

表10-15 按收入划分的员工认为马来西亚未来发展需要
借鉴的国家分布（N=471） （单位：林吉特、%）

需要借鉴的国家	1500—2100	2101—2800	2801—3400	3401—4800	4801—6000	合计
中国	48.72	42.27	39.51	57.55	50.46	48.20
日本	28.21	30.93	41.98	33.02	29.36	32.48
美国	10.26	12.37	7.41	1.89	4.59	7.01
印度	2.56	2.06	0.00	0.00	0.00	0.85
其他	1.28	4.12	1.23	3.77	7.34	3.82
不清楚	8.97	8.25	9.88	3.77	8.26	7.64

按族群划分来看（参见表10-16），均有一半左右的受访员工认为中国为马来西亚提供了最多的外援，其中印度裔员工占比最高（66.67%），华人员工占比次之（57.69%），马来员工占比最低，为49.38%。有17.28%的马来人认为为马来西亚提供援助最多的国家是日本，可见日本对马来人的影响也非常深远。

表10-16 按族群划分的员工认为为马来西亚提供
外援最多的国家分布（N=232） （单位：%）

提供外援最多的国家	马来人	马来华人	印度裔	合计
中国	49.38	57.69	66.67	55.60
美国	9.88	3.08	4.76	5.60
日本	17.28	6.92	0.00	9.91
不清楚	23.46	32.31	28.57	28.88

按受教育程度划分来看（参见表10-17），大部分受访员工认为中国为马来西亚提供了最多外援。随着学历的增长，持相同态度的员工占比在逐渐降低，但平均有五成的受访员工表示中国是提供外援最多的国家。另外，有14.29%的小学及以下员工认为为马来西亚提供外援最多的是美国，有15.70%的专科/本科学历员工则认为是日本。

表 10 – 17　　　　按受教育程度划分的员工认为为马来西亚提供
外援最多的国家分布（N = 235）　　（单位：%）

提供外援最多的国家	小学及以下	中学	专科/本科	硕士及以上
中国	71.43	65.52	48.76	50.00
美国	14.29	4.60	6.61	0.00
日本	0.00	2.30	15.70	10.00
不清楚	14.29	27.59	28.93	40.00

最后，按收入划分来看（参见表 10 – 18），高收入组（4801—6000 林吉特）和中高收入组（3401—4800 林吉特）的员工中，都有超过六成认为中国为马来西亚提供外援最多，其占比高于中收入组和中低收入组约 10 个和 20 多百分点。而在高收入组（4801—6000 林吉特）和中高收入组（3401—4800 林吉特）的员工中，各仅有不到16.98% 和 11.76% 的员工认为日本提供的外援最多。

表 10 – 18　　　　　按收入划分的员工认为为马来西亚提供
外援最多的国家分布（N = 186）　　（单位：林吉特、%）

提供外援最多的国家	1500—2100	2101—2800	2801—3400	3401—4800	4801—6000	合计
中国	30.00	54.29	55.56	68.63	66.04	59.14
美国	10.00	2.86	11.11	3.92	1.89	4.84
日本	10.00	5.71	7.41	11.76	16.98	11.29
不清楚	50.00	37.14	25.93	15.69	15.09	24.73

总体看来，中国在马来西亚的影响力与日俱增，在马来西亚民众心中的国家形象也是相当正面的。这与两国发展的历史基础、外交关系以及日益紧密的经济联系、同根同源的中华文化都是分不开的。但日本对马来员工的影响亦不容小觑。

第三节　中国投资评价

自 2015 年中国对外直接投资首次超过外商来华投资 100.7 亿美元，第一次实现资本账户直接投资项下资本净输出，标志着中国正由"外资吸收大国"向着"对外投资大国"迈进，将更加深入地参与到全球经济发展中去。[①] 中国在马来西亚的投资在 2015 年以后也迎来高速增长的最好时期。那么马来西亚民众是如何看待大量中国投资的涌入，以及他们是如何评价或看待中国投资？以往这方面研究非常少，马来西亚著名的民调商业机构默迪卡中心（Merdeka Centre）于 2015 年 11 月对 1000 多名马来西亚民众进行了《马来西亚对华民意调查》。研究结果显示，马来西亚整体而言欢迎中国经济的发展以及中国对马来西亚的投资。

当问及中国发展带来的影响时，马来华人给予比较高的正面评价，接下来是马来人，印度裔只有 12% 左右认为中国经济发展对马来西亚有正面影响。[②]

那么，在 3 年之后，马来西亚民众中的一个特殊群体——中资企业员工，作为中国投资和相关项目的亲历者，他们对中国又作何评价？本章的分析将有助于中资企业充分了解马来西亚民众对相关项目的态度和看法，有助于中资企业在马更好地选择投资项目，更好地实现高质量发展。

---

① 中债资信评估有限责任公司、中国社会科学院世界经济与政治研究所主编：《中国对外投资形势、风险与对策》，《中国对外直接投资与国家风险报告（2017）》，社会科学文献出版社 2017 年版。

② 饶兆斌：《经济高于地缘政治：马来西亚对 21 世纪海上丝绸之路的观点》，《南洋问题研究》2016 年第 4 期。

一　对"一带一路"倡议的认知

图 10 - 5 呈现的是按族群划分的中资企业员工对"一带一路"倡议的认知情况。从图中可以看出，华人员工对"一带一路"倡议的认知程度最高，有超过七成（72.46%）的华人员工听说过"一带一路"倡议，马来员工次之（29.49%），印度裔员工最低（23.33%）。可以推测，造成这一数据趋势的主要原因是马来华人与中国在语言和文化上的相通性及其对中国的关注。今后"一带一路"倡议在马的宣传需更注重对马来人和印度裔的传播。

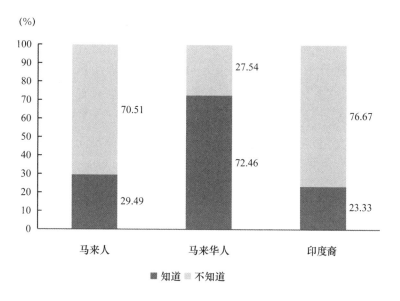

图 10 - 5　按族群划分的员工对"一带一路"倡议的认知程度（N = 581）

受教育程度影响人们对相关信息的获取能力。按是否上过大学划分来看（参见图 10 - 6），上过大学的受访员工对该倡议的认知度（64.43%）比没上过大学的员工（36.73%）高出 27.7 个百分点。

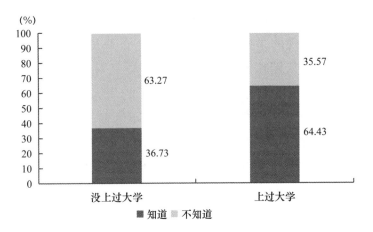

图 10 - 6 按受教育程度划分的员工对"一带一路"倡议的认知程度（N = 583）

按族群划分来看（参见表 10 - 19），只有极少数人反对马来西亚加入"一带一路"倡议，绝大多数受访员工表示支持甚至非常支持马来西亚加入"一带一路"倡议。其中，华人员工对于马来西亚加入该倡议的支持度最高，马来员工次之，印度裔员工最低。

表 10 - 19　　　　按族群划分的员工对马来西亚加入中国
"一带一路"倡议的支持程度（N = 453）　　　（单位：%）

族群	反对	较为支持	支持	非常支持	不关心
马来人	2.63	4.61	47.37	17.11	28.29
马来华人	1.07	9.25	56.58	18.15	14.95
印度裔	0.00	0.00	45.00	15.00	40.00
合计	1.55	7.28	52.98	17.66	20.53

而如表 10 - 20 所示，不论受访员工是否上过大学，大部分员工对马来西亚加入中国"一带一路"倡议表示支持。

表 10 - 20		按受教育程度划分的员工对马来西亚加入			
		"一带一路"倡议的支持程度（ N = 453 ）			（单位：%）
受教育程度	反对	较为支持	支持	非常支持	不关心
没上过大学	0.00	4.76	52.38	16.67	26.19
上过大学	2.46	8.77	53.33	18.25	17.19

二　对投资环境的评价

图 10 - 7 呈现的是按族群划分的中资企业员工看待"中资企业在马来西亚发展最大障碍"这一议题的态度分布情况。综合看来，语言障碍是受访员工认为的中资企业在马来西亚投资所遇到的最主要障碍，其次是文化冲突，再次是投资环境。有 58.05% 的马来员工认为中资企业在马来西亚发展的最大障碍是语言，是三大族群中认为语言

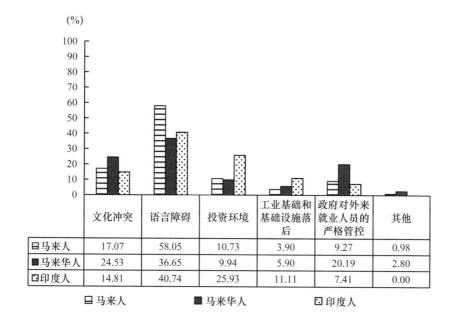

	文化冲突	语言障碍	投资环境	工业基础和基础设施落后	政府对外来就业人员的严格管控	其他
马来人	17.07	58.05	10.73	3.90	9.27	0.98
马来华人	24.53	36.65	9.94	5.90	20.19	2.80
印度人	14.81	40.74	25.93	11.11	7.41	0.00

□ 马来人　　　　■ 马来华人　　　　回 印度人

图 10 - 7　按族群划分的员工认为中资企业在马发展遇到的最大障碍分布（ N = 556 ）

是主要障碍的人数占比最高的族群，在印度裔和华人中持相同态度的
人数占比分别为36.65%和40.74%。在受访的马来华人员工中，有
24.53%认为中资企业在马来西亚发展的最大障碍是文化冲突，而在
马来人和印度裔中分别只有17.07%和14.81%持相同态度。在印度
裔员工中，有25.93%认为中资企业在马来西亚投资的最大障碍是投
资环境问题，而在马来人和马来华人中，认为这一因素是中资企业在
马来西亚投资遇到的最大障碍的人数占比只有一成左右。

　　按受教育程度划分来看（参见图10-8），在没上过大学的受访
员工中，有超过一半（53.85%）的员工认为语言障碍是中资企业在
马来西亚投资的最大障碍，而在上过大学的员工中，有相同看法的人
数占比仅不到四成（39.66%），有理由推测，在较低学历的员工其
语言能力在一定程度上局限了他对这一议题的看法。上过大学的受访
员工综合判断能力较强，所以在这一群体中，有25.29%的员工认为

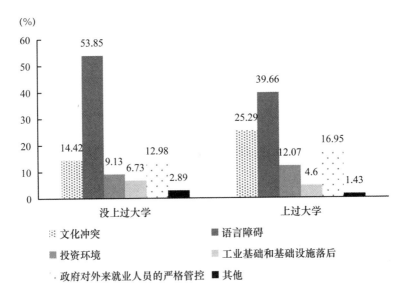

图10-8　按教育划分的员工认为中资企业在马发展遇到的最大障碍分布（N=556）

文化冲突是中资企业在马来西亚投资的最大障碍,持相同看法的没上过大学的员工仅占 14.42%。另外,在两类人群中均有一成多的员工认为政府对外来就业人员的严格管控是中资企业在马来西亚投资的最大障碍。

三 对投资领域的评价

中资企业广泛分布于马来西亚的各个行业领域,特别在基础设施和城市建设领域为马来西亚的发展注入了强大动力。为此,调查也分析了受访员工所希望的中国在马来西亚投资领域的分布情况。首先,表 10-21 呈现的是不同族群对于上述议题的看法分布。在马来员工中,有超过一半(56.68%)的员工希望中国在马来西亚进行工业和制造业投资,近一半(48.85%)的受访员工希望中国投资马来西亚的基础设施建设,其次是教育和健康(28.57%)、农业发展(18.89%)领域的投资。在马来华人员工中,有超过一半的受访员工希望中国投资马来西亚的基础设施建设、工业和制造业,教育和健康领域、生态环境保护领域以及资源开采、水电开发也是华人员工希望中国参与投资的重点领域。在印度裔员工当中,希望中国参与基础设施建设、工业和制造业投资的呼声仍然最高,其次是教育和健康领域。综合看来,华人员工期待中资企业在各个领域都进行充分投资,有一半以上的华人员工希望中国投资马来西亚的基础设施、工业和制造业领域。而马来员工最期待在工业和制造业领域进行投资,其次才是基础设施领域。

表 10-21　　　　按族群划分的员工希望中国投资马来西亚的
领域分布（N=580）　　　　　　　　　　（单位：%）

领域	马来人	马来华人	印度裔
资源开采	9.68	29.04	6.67
水电开发	17.05	24.85	16.67
基础设施	48.85	55.69	50.00

续表

领域	马来人	马来华人	印度裔
资源开采	9.68	29.04	6.67
生态环境保护	16.13	32.04	13.33
农业发展	18.89	22.75	16.67
教育和健康	28.57	34.73	40.00
工业和制造业	56.68	55.39	56.67
不支持任何投资	0.92	0.6	0

　　按受教育程度划分来看（参见表10-22），上过大学的员工最希望投资的仍是基础设施、工业和制造业领域，占比均为57.82%。而没上过大学的员工最希望投资的领域同样是这两项。其次，除教育和健康投资的占比大致相当之外，上过大学的员工在希望中国投资的各领域占比均高于未上过大学的员工，这表明受高等教育者更能意识到中国投资对马来西亚经济的积极影响。整体而言，基础设施建设、工业和制造业是最受当地居民欢迎的中国在马来西亚投资的重点领域。

表10-22　　　　按受教育程度划分的员工希望中国投资
马来西亚的领域分布（N=580）　　　　（单位：%）

领域	没上过大学	上过大学
资源开采	18.14	22.07
水电开发	16.37	24.58
基础设施	44.25	57.82
生态环境保护	22.57	26.54
农业发展	18.58	22.35
教育和健康	32.30	32.68
工业和制造业	52.21	57.82
不支持任何投资	0.88	0.56

调查也分析了受访中资企业员工对于马中关丹产业园开园的评价情况，如图 10-9 所示，整体上马来西亚中资企业员工对于关丹产业园开园的评价是利大于弊的。超过三成的员工认为马中关丹产业园开园后最大的益处是"大幅度增加就业岗位"、"为区域经济发展提供动力"以及"吸引更多中资企业进行投资"。但仍有一成左右的员工认为马中关丹产业园会"加强了中资企业对本国经济的控制"和"对本国企业产生巨大冲击"。因此，中资企业在马的对外宣传中要充分强调合作共赢以及积极履行社会责任，以减少当地民众对中资企业进入的负面印象。

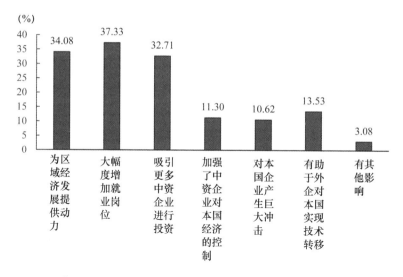

图 10-9 员工对马中关丹产业园开园的评价（N = 584）

除马中关丹产业园之外，东海岸铁路项目也是中国参与承建的重大基础设施项目之一。东海岸铁路是马来西亚国民阵线政府时期，前总理纳吉布任内大力推动的最重要的大型基建项目之一，旨在通过建设一条连接马来西亚东西海岸的铁路，强化经济相对落后的东北部地区与经济发达的西部地区的联系，势必将带动整个西马的经济繁荣。东海岸铁路建设之初，时任总理纳吉布曾表示，建成后的东铁项目将为东海岸带来 1.5% 的 GDP 增长。[①] 他还认为，东铁不仅会成为东海岸地区"发展格局的改变者"（Game Changer），更会成为马来西亚"发展思维的改变者"（Mindset Changer）。[②] 该项目因 2018 年马来西亚政权更迭而一度遭遇停工甚至终止风险，于 2019 年 4 月出现转机，中方承建企业与马方业主在双方政府代表的见证下签署了有关补充协议以及竣工后的联合管理、运营及维护合作备忘录，铁路建设随即复工，并计划于 2026 年底完成。[③]

如图 10 - 10 所示，在 2019 年 11 月这一调查时点上，八成以上（85.4%）的受访员工对东海岸铁路项目表示支持，其中有 37.27% 表示强烈支持。只有 5% 左右的受访员工表示反对。

按族群划分来看（参见表 10 - 23），表示强烈支持的印度裔员工和马来员工占比最高，分别为 56.00% 和 53.23%；表示有点支持的华人员工占比最高，为 57.79%。总体看来，绝大部分受访员工对东海岸铁路项目均表示支持。

综合图 10 - 10 和表 10 - 23 来看，绝大部分在中资企业工作的马来

---

① Najib：ECRL to boost East Coast GDP growth by 1.5%，< italic > The Edge Markets </italic >，March 8，2017，http//www. theedgemarkets. com/article/najib - ecrl - boost - east - coast - gdp - growth - 15，2019 年 12 月 1 日。

② ECRL a "game changer" for Malaysia，says Najib，< italic > The Malaysia Insight </italic >，August 9，2017，https//www. themalaysianinsight. com/s/10179/，2019 年 12 月 1 日。

③ 2018 年 5 月希盟在获得联邦政权之后对东铁项目的态度更显得小心谨慎。东铁项目陆续经历了重新审查、停工、搁置、重新谈判的曲折过程。根据马来西亚总理公署的声明，双方新签订的补充协议涵盖东铁项目一期及二期的工程、采购、建造及调试，变更后的造价从原来的 655 亿林吉特减少至 440 亿林吉特，削减了 215 亿林吉特，削减的部分占原合同总价的 32.8%（即由原来的 1069.2 亿元人民币减少至 712.8 亿元人民币）。改进后的东铁项目每千米造价为 6870 万林吉特，而原协议中的造价约为每千米 9550 万林吉特（即由原来的每千米 1.54 亿元人民币减少至每千米 1.11 亿元人民币）。铁路长度也由原规划的 688 千米缩短至 640 千米。参见陈戎轩《东海岸铁路重启："希盟"时代中马基建合作的新变化》，吴宗玉、翟崑主编《马来西亚发展报告（2019）》，社会科学文献出版社 2019 年版。

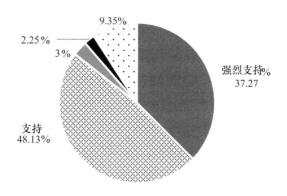

图 10 - 10　员工对东海岸铁路项目的看法分布（N = 534）

西亚员工对东海岸铁路项目表示了支持态度，证明大部分的受访员工能清楚地认识到交通的便利对马来西亚经济的促进作用。

表 10 - 23　　　　　**按族群划分的员工对东海岸铁路**
项目的看法分布（N = 534）　　　　（单位：%）

族群	强烈支持	有点支持	有点反对	强烈反对	不关心
马来人	53.23	35.82	1.99	1.99	6.97
马来华人	25.32	57.79	3.25	1.95	11.69
印度裔	56.00	28.00	8.00	8.00	0.00
合计	37.27	48.13	3.00	2.25	9.36

四　对影响马来西亚发展因素的评价

调查最后分析受访员工心目中对马来西亚发展最重要的国家或国际组织情况。中国、东盟和日本是受访员工认为对马来西亚发展最重要的三个国家或组织。按族群划分来看（参见图 10 - 11），有七成以上（71.7%）的华人员工选择了中国，印度裔员工和马来员工占比略低，分别为 68.97% 和 62.93%。认为东盟是对马来西亚发展最重要的组织的华人员工占比也为三大族群中最高（20.58%），马来员工和印度裔员工占比分别为14.63%和13.79%。在选择日本作为对马来西亚发展最重要的国家的员工中，华人占比最少，仅为4.5%；印度裔较多，为10.34%；马来人占比最高（13.17%）。

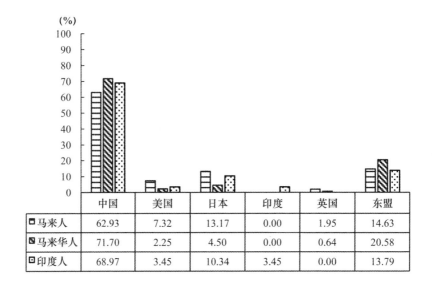

	中国	美国	日本	印度	英国	东盟
马来人	62.93	7.32	13.17	0.00	1.95	14.63
马来华人	71.70	2.25	4.50	0.00	0.64	20.58
印度人	68.97	3.45	10.34	3.45	0.00	13.79

图 10-11　按族群划分的员工认为对马发展最重要的国家/国际组织（$N=545$）

但是否上过大学对受访员工看待相关议题的态度差异并不明显（参见图10-12），均有七成左右（66.97%、70.28%）的受访员工表示中国是对马来西亚发展最重要的国家，认为是日本的占比次之，为8%以上。唯一的区别在于认为东盟对马来西亚发展重要的人群中，有两成（20.72%）上过大学的员工认为东盟是对马来西亚发展最重要的国际组织，而持相同观点的没上过大学的员工仅占13.68%。

总体看来，中国在马来西亚的影响力正随着"一带一路"倡议在马来西亚的深化而加大。越来越多的中资企业走进马来西亚，在这片自郑和下南洋就与中国结下深厚友谊的土地上与马来西亚人民同舟共济，为实现人类命运共同体的宏伟目标携手前行。

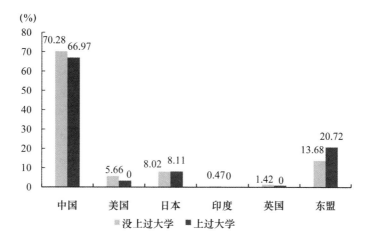

图10－12　按教育划分的员工认为对马发展最重要的国家/国际组织（N＝545）

小　结

本章通过对马来西亚员工的政治参与对外关系评价进行了系统分析，得出以下几点主要结论。

首先，尽管员工在对公共议题各维度上的态度不完全一致，但族群差异最为明显。即印度裔员工的态度最为激进，马来员工次之，华人员工的态度最为温和。同时，女性、年龄越轻者更倾向于重视民众的意愿而非政府的意愿，也更倾向于通过民主决策国家的重大政治议题。

其次，员工的非制度性政治参与在教育、收入和族群之间的差异也较为明显。具体而言，马来员工、受教育程度越高和收入越高者更倾向于采用请愿等温和的方式处理相关问题，更不愿意采取示威、游行或暴力等激进手段进行政治维权。

再次，华人员工对"一带一路"倡议的认知程度最高、马来员工次之，印度员工最低。今后"一带一路"倡议的在马宣传需更注重对马来人和印度裔的传播，以化解误解，增进共识。尽管超过七成的员工认为中国在亚洲的影响力最大，但日本对马来员工的影响仍不容小觑。同时，近七成的员工认为中国、东盟和日本是对马来西亚发展最重要的三个国家或组织。中国应持续关注马来西亚与东盟、马来西亚与日本的利益关系，并突出中马互利共赢的合作原则。

最后，员工认为语言障碍是中资企业在马来西亚投资所遇到的最主要障碍，其次是文化冲突，再其次是投资环境。华人员工期待中资企业在各个领域都进行充分投资，且期待在基础设施领域投资占比最高；而马来员工最为期待在工业和制造业领域进行投资，其次才是基础设施领域。需要注意的是，无论哪个族群，绝大多数员工对中国在马的大型投资项目"马中关丹产业园"和"东海岸铁路项目"的支持程度都较高。但仍有一部分马来员工担心大量的中国投资会使马来西亚的经济主动权掌握在中资企业手中，并对马来西亚一些本土企业造成冲击。所以在总体投资环境向好的情况下，如何让马来西亚民众打消疑虑、相信中国在马投资将带来双赢的局面是中资企业在投资与经营中需关注和解决的问题，也是高质量共建"一带一路"需要解决的重要环节。

参考文献

一 中文

（一）图书

《马克思恩格斯选集》第 4 卷，人民出版社 1995 年版。

林勇：《马来西亚华人与马来人经济地位变化比较研究（1957—2005）》，厦门大学出版社 2008 年版。

骆永昆、马燕冰、张学刚编著：《马来西亚》，社会科学文献出版社 2017 年版。

饶兆斌：《马来西亚外交形势》，《马来西亚蓝皮书（2019）》，社会科学文献出版社 2019 年版。

张宇燕、孙杰、姚枝仲：《2020 年世界经济形势分析与预测》，社会科学文献出版社 2020 年版。

中国经济年鉴编辑委员会编著：《2015 中国经济年鉴——"一带一路"卷》，中国经济年鉴出版社 2015 年版。

中债资信评估有限责任公司、中国社会科学院世界经济与政治研究所：《中国对外直接投资与国家风险报告（2017）》，社会科学文献出版社 2017 年版。

［古希腊］亚里士多德：《政治学》，吴寿彭译，商务印书馆 1997 年版。

（二）期刊

白天：《我们是永远的朋友——写在中马建交 45 周年之际》，《中国东盟博览》2019 年第 12 期。

陈相秒：《2014 年马来西亚南海政策评析》，《世界经济与政治论坛》
　　2015 年第 3 期。

程鹏：《海外工程项目人力资源属地化研究——以中交四航局肯尼亚
　　蒙内铁路项目为例》，《建筑经济》2016 年第 9 期。

崔杰：《嵌入性人力资源属地化管理理论模型与应用探索》，《人口与
　　经济》2015 年第 6 期。

杜健：《"一带一路"背景下企业走出去面临的融资困境和解决之
　　道》，《国际商贸》2020 年第 3 期。

杜伟：《企业形象塑造中存在的问题及对策分析》，《商业研究》2010
　　年第 12 期。

冯桂玲：《马来西亚人力资源市场的现状及其特点》，《东南亚纵横》
　　2013 年第 4 期。

傅聪聪：《东南亚国家对中美的外交政策趋于分化》，《国际政治科
　　学》2018 年第 3 期。

高利金：《秘鲁属地化管理工作思考》，《国际工程与劳务》2019 年第
　　10 期。

葛红亮：《马来西亚与东盟的区域一体化发展》，《学术探索》2017 年
　　第 11 期。

葛红亮：《新兴国家参与全球海洋安全治理的贡献与不足》，《战略决
　　策研究》2020 年第 1 期。

宫月晴：《中国品牌建构国家形象作用机制研究——基于"一带一
　　路"沿线消费者深访的研究》，《现代传播》2019 年第 10 期。

桂勇、陆德梅、朱国宏：《社会网络、文化制度与求职行为：嵌入问
　　题》，《复旦学报》（社会科学版）2003 年第 3 期。

何裕宁、张莉：《我国企业形象塑造存在的主要问题及对策》，《企业
　　经济》2012 年第 31 期。

韩如波、孟庆阳：《从传统施工模式到工程总承包——新中国 70 年工

程实施组织模式的优化创新之路》，《建筑》2019 年第 18 期。

黄美丽：《中国对外工程承包企业海外人力资源属地化管理思考》，《低碳世界》2018 年第 12 期。

季乃礼：《国家形象理论研究述评》，《政治学研究》2016 年第 1 期。

李好：《对马来西亚投资：中国的机遇与风险》，《对外经贸实务》2018 年第 1 期。

李巍、张玉环：《从应对贸易摩擦到预防经济脱钩：2019 年中国经济外交形势分析》，《战略决策研究》2020 年第 2 期。

李志永：《企业公共外交的价值、路径与限度——有关中国进一步和平发展的战略思考》，《世界经济与政治》2012 年第 12 期。

刘敏：《浅析建筑施工事故防范与安全生产监督管理》，《建筑与装饰》2020 年第 2 期。

骆永昆：《马来西亚政治变局探析》，《和平与发展》2018 年第 5 期。

马伟、余菁、谭丽君、李晓辉：《马来西亚投资环境与税制介绍》，《国际税收》2019 年第 8 期。

尼萨等：《马来西亚的种族差异、城市化和政治宽容》，《南洋资料译丛》2018 年第 4 期。

欧翠珍：《文化消费研究述评》，《经济学家》2010 年第 3 期。

庞卫东：《反思与重释：英国殖民统治对马来西亚的影响》，《史学月刊》2013 年第 9 期。

饶兆斌：《经济高于地缘政治：马来西亚对 21 世纪海上丝绸之路的观点》，《南洋问题研究》2016 年第 4 期。

任焰、贾文娟：《建筑行业包工制：农村劳动力使用与城市空间生产的制度逻辑》，《开放时代》2010 年第 12 期。

商务部国际贸易经济合作研究院、中国驻马来西亚大使馆经济商务处、商务部对外投资和经济合作司：《对外投资合作国别（地区）指南 - 马来西亚》，2019 年版。

施志鸥：《海外工程人力资源属地化管理的思考——以中交三航局马

来西亚 DASH 高架桥项目为例》，《管理观察》2019 年第 24 期。

司江伟：《20 世纪刚性管理与柔性管理发展的对比》，《科学管理研究》2003 年第 1 期。

汤顿、杨谅：《拉美地区国际工程公司属地化管理模式的探讨》，《智能城市》2018 年第 5 期。

王烈琴、李卓阳：《马来西亚语言教育政策及其对汉语国际推广的启事》，《渭南师范学院学报》2019 年第 11 期。

王晓春：《浅谈海外项目的人力资源属地化管理——以科威特某项目人力资源管理为例》，《有色金属》2018 年第 S1 期。

王正刚：《充分发挥属地化人力资源的优势——以安哥拉罗安达新国际机场航站区 I 标段项目为例》，《施工企业管理》2018 年第 3 期。

王正绪、叶磊华：《东亚社会中的公民政治参与》，《政治学研究》2018 年第 1 期。

韦朝晖：《马来西亚：2013 年回顾与 2014 年展望》，《东南亚纵横》2014 年第 4 期。

吴崇伯、单苏：《马来西亚产业结构转型研究》，《广西财经学院学报》2019 年第 5 期。

杨晓光：《关于文化消费的理论探讨》，《山东社会科学》2006 年第 3 期。

赵江林：《中国与马来西亚经济发展战略对接研究》，《亚太经济》2018 年第 1 期。

赵姝岚、孔建勋：《2015 年东南亚地区政治与安全形势》，《东南亚南亚研究》2016 年第 1 期。

张磊、袁海厅：《人力资源属地化探索——以中国电建赞比亚下凯富峡水电站项目部为例》，《国际工程与劳务》2019 年第 2 期。

张淼：《马来西亚大选后的经济形势及对我国在马投资的影响》，《亚太安全与海洋研究》2018 年第 6 期。

张蕙等，《中资企业海外社会责任报告质量研究》，《首都经济贸易大学学报》2017 年第 6 期。

张应进：《马来西亚债务问题政治化："债务陷阱论"凸显的根源》，
《国际展望》2020 年第 1 期。

张维迎、马捷：《恶性竞争的产权基础》，《经济研究》1999 年第
6 期。

张雪枫：《非洲项目人资属地化的有效路径——以中土尼日利亚阿布
贾城铁项目为例》，《施工企业管理》2018 年第 3 期。

张中元：《中国海外投资企业社会责任：现状、规范与展望》，《国际
经济合作》2015 年第 12 期。

郑建峰：《基于社会责任的企业形象塑造》，《企业经济》2008 年第
10 期。

钟飞腾、张帅：《地区竞争、选举政治与"一带一路"债务可持续
性》，《外交评论》2020 年第 1 期。

钟新、汤璇、黄超：《跨国企业在公共外交进阶中的角色演变》，《新
疆师范大学学报（哲学社会科学版)》2016 年第 2 期。

朱敏婕：《新媒体时代海外华文报业的发展——以马来西亚星洲媒体
集团为例》，《青年记者》2018 年第 36 期。

（三）学位论文

刘丽芳：《ZD 集团阿尔及利亚分公司跨文化管理问题及对策研究》，
江西师范大学，硕士学位论文，2017 年。

孙凤顺：《中国建筑企业海外项目融资风险分析——以 SD 电建在印度
为例》，山东财经大学，硕士学位论文，2018 年。

唐银平：《万象中资企业人力资源本土化现状与对策研究》，云南大
学，硕士学位论文，2017 年。

张辰：《TY 公司坦桑尼亚天然气管道投产运行项目人力资源属地化策
略研究》，兰州交通大学，硕士学位论文，2017 年。

（四）网络文献

吴宗玉、翟崑：《马来西亚发展报告（2019)》，www.crggcn.com，

2020 年 1 月 12 日。

《2018 年马来西亚货物贸易及中马双边贸易概况》，商务部网站，
　　2019 年 4 月 11 日，https：//countryreport. mofcom. gov. cn/record/
　　view110209. asp？ news_id＝63818。

《2018 年马来西亚货物贸易及中马双边贸易概况》，商务部网站，
　　2019 年 4 月 11 日，https：//countryreport. mofcom. gov. cn/record/
　　view110209. asp？ news_id＝63821。

《2018 年马来西亚货物贸易及中马双边贸易概况》，商务部网站，
　　2019 年 4 月 11 日，https：//countryreport. mofcom. gov. cn/record/
　　view110209. asp？ news_id＝63830。

《大马还需要工会吗?》，《东方文汇报》，2019 年 3 月 31 日，https：//
　　www. orientaldaily. com. my/news/wenhui/2019/03/31/284830。2020 年
　　1 月 15 日。

《宏观经济》，商务部网站，2019 年 5 月 21 日，http：//my. mofcom.
　　gov. cn/article/ddgk/201407/20140700648581. shtml。

《获取资讯分享生活，大马最多人用 What's App》，星洲网，2017 年 9
　　月 12 日，http：//www. sinchew. com. my/node/1681475，2020 年 1
　　月 20 日。

《教育部印发"中国特色新型高校智库建设推进计划"》，中华人民共
　　和国中央政府门户网站，http：//www. gov. cn/gzdt/2014 － 02/28/
　　content_2625304. htm，2014 年 2 月 28 日。

《马来西亚等四国考虑"以物易物"对抗制裁》，《经济参考报》2019
　　年 12 月 23 日，http：//dz. jjckb. cn/www/pages/webpage2009/html/
　　2019 －12/23/content_59962. htm。

《马来西亚：提议制定东盟经济复苏计划》，中国－东盟自由贸易区，
　　2020 年 4 月 20 日，http：//www. cafta. org. cn/show. php？ contentid
　　＝89481。

《马来西亚宣布新政府名单 毛希丁过"首关"》，中国新闻网，2020

年 3 月 9 日，http：//mil. chinanews. com/gj/2020/03 - 09/9119380. shtml。

《马来西亚总理纳吉布出席"一带一路"国际合作高峰论坛》，外交部网站，2017 年 5 月 18 日，https：//www. fmprc. gov. cn/ce/cemy/chn/zgxw/t1463123. htm. 2019 年 12 月 16 日。

《日媒：日本扩大与马来西亚防务合作 欲牵制中国海洋活动》，《参考消息》 2018 年 9 月 13 日，http：//www. cankaoxiaoxi. com/world/20180913/2325906. shtml。

《沙特与巴基斯坦缺席，吉隆坡峰会折射伊斯兰国家分歧》，《环球时报》 2019 年 12 月 19 日，https：//world. huanqiu. com/article/9CaKrnKopCy。

《全球战疫·比邻｜中国驻马来西亚大使：中马遇山同爬遇沟共跨》，《澎湃》，2020 年 4 月 3 日，https：//www. thepaper. cn/newsDetail_forward_6814993_1。

《上半年中马双边贸易保持良好增长势头》，外交部网站，2019 年 7 月 24 日，http：//my. mofcom. gov. cn/article/sqfb/201907/20190702884305. shtml，2019 年 12 月 15 日。

《"世界工地"非正规化悲情》，《南方都市报》，2011 年 12 月 8 日，http：//news. ifeng. com/opinion/society/detail_2011_12/18/11401037_0. shtml，2019 年 12 月 1 日。

《巫统"退党潮"牵动马来西亚政坛各派力量消长》，中国新闻网，2018 年 12 月 17 日，http：//www. chinanews. com/gj/2018/12 - 17/8704239. shtml。

《"中国－马来西亚中医药中心"正式挂牌成立》，商务部网站，2017 年 12 月 14 日，http：//my. mofcom. gov. cn/article/sbhz/201712/20171202685102. shtml. 2019 年 12 月 15 日。

《中国同马来西亚的关系》，外交部网站，2019 年 11 月 5 日，https：//www. fmprc. gov. cn/web/gjhdq_676201/gj_676203/yz_676205/1206_

676716/sbgx_676720/，2019 年 12 月 1 日。

《中华人民共和国政府和马来西亚政府联合声明》，外交部网站，2018
年 8 月 20 日，https：//www. fmprc. gov. cn/web/gjhdq _ 676201/gj _
676203/yz_676205/1206_676716/1207_676728/t1586776. shtml，2019
年 12 月 1 日。

《中马港口联盟第四次会议在马来西亚吉隆坡顺利召开》，搜狐网，
2019 年 8 月 22 日，https：//www. sohu. com/a/335588496_784079，
2019 年 12 月 20 日。

《中共中央办公厅、国务院办公厅印发〈关于加强中国特色新型智库建
设的意见〉》，中华人民共和国中央政府门户网站，http：//
www. gov. cn/xinwen/2015 – 01/20/content_2807126. htm，2015 年 1 月
20 日。

［卡塔尔］《马来西亚退出沙特领导的也门战争》，半岛电视台中文网，
2018 年 6 月 29 日，https：//chinese. aljazeera. net/news/2018/6/29/
malaysia – withdrew – from – the – saudi – led – war – in – yemen。

［马］《5 年反贪大蓝图　6 领域 22 策略》，《东方日报》2019 年 1 月 29
日，https：//www. orientaldaily. com. my/news/nation/2019/01/29/277159。

［马］《丹州议会今一致通过伊刑法》，《东方日报》2015 年 3 月 19 日，
http：//www. orientaldaily. com. my/s/74522。

［马］《"反对政府多项政策"马哈迪斥董总是种族主义者》，透视大马，
2019 年 8 月 12 日，https：//www. themalaysianinsight. com/chinese/
s/175018。

［马］《管控放宽商业恢复 今年经济不会萎缩 6%》，《南洋商报》，
2020 年 5 月 7 日，https：//www. enanyang. my/news/20200507/管控
放宽商业恢复 – br 今年经济不会萎缩 6/。

［马］《火箭州议员社青团领袖联署？"反对国文课增爪夷文"》，《星洲
日报》2019 年 7 月 31 日，https：//www. sinchew. com. my/content/
content_2092716. html。

［马］《教学指南：51％简单多数取决・推爪夷单元家长决定》，《星洲日报》2019 年 12 月 10 日，https：//www. sinchew. com. my/content/content_2159643. html。

［马］《林火莉：女性阁员占不到 13％ 比率有待提升》，《光华日报》2020 年 3 月 11 日，https：//www. kwongwah. com. my/20200311/林火莉 – 女性阁员占不到 13％ 比率有待提升/。

［马］《马哈迪感叹，东盟没充分发挥经济龙头潜力》，《当今大马》2018 年 10 月 12 日，https：//www. malaysiakini. com/news/446989。

［马］《"美国人很好，但非特朗普"？敦马：促辞职拯救美国》，《星洲日报》2020 年 2 月 10 日，https：//www. sinchew. com/content/content_2214716. html。

［马］《民调：面对国阵伊党"真实威胁"希盟马来支持率"非常微小"》，《星洲日报》2020 年 1 月 15 日，https：//www. sinchew. com. my/content/content_2191328. html。

［马］《慕尤丁：美国归还 3 亿美元 1MDB 资产》，《星洲日报》2020 年 4 月 15 日，https：//www. sinchew. com. my/content/content_2253799. html。

［马］《图巴结土团成立马来政府 敦马：希盟垮台是纳吉阴谋》，《光华日报》2020 年 3 月 11 日，https：//www. kwongwah. com. my/20200311/图巴结土团成立马来政府 – 敦马 – 希盟垮台是纳吉阴谋/。

［马］《小四起须鉴赏爪夷文？传华淡小国文科增新单元》，《星洲日报》2019 年 7 月 25 日，https：//www. sinchew. com. my/content/content_2089174. html。

［马］《武士债券次轮发行 明年首季料有定案》，《中国报》2019 年 11 月 28 日，https：//www. chinapress. com. my/20191128/武士债券次轮发行 – 明年首季料有定案/。

［马］《一日会议不允许辩论 邱培栋：损国会尊严》，《星洲日报》2020 年 4 月 19 日，https：//www. sinchew. com. my/content/content_

2256280. html。

［马］《用20年心血建党 阿兹敏遗憾被指"叛徒"》，《南洋商报》2019年12月8日，https：//www. enanyang. my/news/20191208/用20年心血建党－br阿兹敏遗憾被指"叛徒"/。

［马］《爪夷文大会要求与教部对话？促搁置爪夷文入课》，《星洲日报》2019年12月29日，https：//www. sinchew. com. my/content/content_2183279. html。

［伊朗］《马来西亚在巴勒斯坦将开设领事馆》，ParsToday，2019年12月29日，https：//parstoday. com/zh/news/world－i48305。

［新］《称受中美贸易战影响 马哈迪指有人建议制裁马国》，《联合早报》2019年10月22日，https：//beltandroad. zaobao. com/beltandroad/news/story20191022－999086。

［新］《马国回教学生联盟：捍卫爪夷文提四诉求 要求列董总为非法组织》，《联合早报》2020年1月2日，https：//beltandroad. zaobao. com/beltandroad/news/story20200102－1017692。

［新］《希盟领导架构出炉，安华任共同领袖》，《联合早报》2017年7月14日。

二　英文

Ahmad Faisal Rozimi, et al. , "Malaysia's Resilience in Managing External Debt Obligations and the Adequacy of International Reserves," Bank Negara Malaysia, Annual Report 2018, March 27, 2019, pp. 48－61.

Asyraf Farique. "China Dream, One Belt One Road (OBOR) danPeranan Diaspora Cina. " Focus, October 7, 2016. http：//focuss. my/china－dream－one－belt－one－road－obor－dan－peranan－diaspora－cina/. 2019年12月20日。

"Budget 2019. Malaysia. " Ernst & Young Tax Consultants Sdn. Bhd, November 3, 2018, Vol. 6. "Country Comparison－Public Debt. " Central

Intelligence Agency, 2017, https：//www. cia. gov/library/publica-tions/resources/the－world－factbook/rankorder/2186rank. html#ch.

Economic And Financial Data For Malaysia, Bank Negara Malaysia, June 3, 2019.

ECRL a "game changer" for Malaysia, says Najib, ＜italic＞The Malaysia Insight ＜/italic＞, August 9, 2017, https//www. themalaysianinsight. com/s/10179/. 2019 年 12 月 1 日。

IMF Communications Department, "IMF Executive Board Concludes 2019 Article IV Consultation with Malaysia," International Monetary Fund, March 11, 2019,

https：//www. imf. org/en/News/Articles/2019/03/08/pr1967－malaysia－imf－executive－board－concludes－2019－article－iv－consulta-tion. 2019 年 12 月 18 日访问。

Jayum, A. J. & Victor, T. K. Ethnicity & electoral politics in Sarawak, Bangi, Selangor：Penerbit Universiti Kebangsaan Malaysia, 2004.

Jayum, A. J. and Yusoff, M. A. "The 2008 general elections：Implica-tions for ethnic relations in Malaysia," In Globalising Religions and Cul-tures in the Asia Pacific, Adelaide：The University of Adelaide, 2008, pp. 3 －40.

Manifesto Pakatan Harapan：GST Dihapuskan, 10 Janji 100 Hari, SEMA-KAN ONLINE, https：//semakanonline. com/manifesto － pakatan － harapan/, May 5, 2018.

Ministry of Finance Malaysia. Fiscal Outlook and Federal Government Reve-nue Estimates 2019. http：//www. treasury. gov. my/index. php/en/fis-cal － economy/fiscal － outlook － and － federal － government － revenue － estimates －2019. html. 2019 年 11 月 2 日。

Najib：ECRL to boost East Coast GDP growth by 1. 5％, ＜italic＞The Edge Markets ＜/italic＞, March 8, 201, http//www. theedgemarkets.

com/article/najib – ecrl – boost – east – coast – gdp – growth – 15. 2019 年 12 月 1 日。

Statista of Malaysia, https：//www. statista. com/statistics/712473/malaysia – average – monthly – salary/. 2020 年 3 月 1 日。

Statista of Malaysia, https：//www. statista. com/statistics/856659/malaysia – average – monthly – household – income – by – ethnic – group/. 2020 年 1 月 20 日。

Verda, S. Nie, N. H. & Kim, J. Participation and Political Equality A Seven – Nation Comparison. New York：Cambridge University Press, 1978.

后　记

　　2022 年是中马建交 48 周年。在这 48 年间，中马关系经受住了风云变幻的考验，从一棵友谊的小树苗成长为参天大树，并正结出累累硕果，惠及两国人民。马来西亚是最早响应"一带一路"倡议的沿线国家，也是共建"一带一路"早期收获最丰硕的国家之一。展望未来，中国愿与马来西亚一道，抓住发展机遇，夯实合作基础，提高合作水平，共同开创属于中马关系的新时代。

　　知责任者，大丈夫之始也；行责任者，大丈夫之终也。云南大学紧紧围绕习近平总书记对云南发展的"三个定位"，主动服务和融入国家发展战略，积极参与"一带一路"建设的研究。2018 年初，校领导设立"一带一路沿线国家综合数据库建设"作为学校"双一流"建设的旗舰项目，在东南亚、南亚、中东、非洲等地区的 20 个国家开展"海外中国企业与员工调查"，马来西亚是其中最重要的国家之一。

　　经过前期缜密的准备，由本人担任马来西亚调研组组长，成员包括云南大学戴波教授、晏月平教授、冯立冰副研究员、周文博士、邹怡博士，云南大学硕士研究生王英琦、黄小丽、张志伟、宋洋、杨雨和周一迪共 12 名师生，以及马来亚大学中国研究所林德顺博士、新纪元大学学院廖文辉副教授组织招募的多名马来西亚籍在校大学生。调研组于 2019 年 10 月 19 日至 2019 年 11 月 11 日对马来西亚吉隆坡市、雪兰莪州、彭亨州关丹市马中关丹产业园、马六甲州等地的中资企业开展了为期 24 天的实地调研，全面深入地了解中资企业在马的营商环境与所遇困难、当地员工的工作环境和职业发展、当地员工对所在企业的评价与认知、对中国国家形象的看法、对世界大国在当地的影响力评价，以及对中国"一带一路"倡议、马来西亚"债务陷阱论"、东海岸铁路项目、马中关丹产业园项目和中马关系等方面的态度与看法。本书为中国更好地开展对马投资和保护海外利益提供政策依据，为后续准备赴马投资的中资企业提供参考信息，更好地服务于"一带一路"建设。

本书写作分工如下：许庆红负责全书框架设计、指导数据分析与图表制作以及全书的修订与完善。许庆红、张程岑、邹怡共同撰写第一章，许庆红撰写第二章，杨雨撰写第三章，张志伟撰写第四章，王英琦撰写第五章，宋洋撰写第六章，周文撰写第七章，黄小丽撰写第八章，冯立冰撰写第九章，周一迪撰写第十章。

本项调查得到北京大学翟崑教授、邱泽奇教授、赵耀辉教授和西南财经大学甘犁教授等几位咨询专家持续的支持和指导。特别感谢中国驻马来西亚大使馆经济商务参赞处李雅彬女士，马来西亚中国银行行长、马来西亚中资企业协会会长张敏先生，中国工商银行全球装备融资部执行总经理魏爱东先生，马来西亚中国银行总监朱近先生，马来西亚中国建设银行纳闽分行高级副总裁王少强，马来西亚中国企业家联合会总会长李中平拿督，中国交通建设集团马来西亚公司总经理倪庆久先生，中铁东方国际集团人力资源部部长秦富华先生，云南驻马来西亚（吉隆坡）商务代表处林礼勇主任，云南建投马来西亚有限公司总经理程超先生，联合钢铁（大马）集团公司副总经理徐卫国先生，三一筑工马来西亚总经理王真一先生，马来西亚苏商总会秘书长孙克强先生，马来西亚浙江商会总会长王祖荣先生，马来西亚中国西北总商会会长何平先生，新知图书马来西亚分公司总经理徐永相先生等众多中资企业协会和企业负责人。感佩于你们"咬定青山不放松，立根原在破岩中"的开拓精神，以及与祖国同心而行的家国情怀。正因为有你们的热心帮助与大力支持，调研才能顺利开展并圆满完成。

如今，构建"一带一路"的理论体系正在成为中国学术界共识。"不登高山，不知天之高也；不临深溪，不知地之厚也。"本书是课题组对"一带一路"建设框架下海外中国企业研究的一个起点。囿于课题组成员理论知识、实践经验以及客观条件的限制，本书尚有诸多疏漏之处，恳请各界读者批评指正。

许庆红

2022 年 6 月于东陆园